행복한 교육 행복한 미래

행복한 교육 행복한 미래

초판 발행 | 2014 년 2월 20일

지은이 | 안상섭
펴낸이 | 신중현
펴낸곳 | 도서출판 학이사
출판등록 : 제25100-2005-28호
주소 : 대구광역시 달서구 문화회관11안길 22-1(장동)
전화 : (053) 554~3431,3432
팩스 : (053) 554~3433
홈페이지 : http : // www.학이사.kr
이메일:hes3431@naver.com

ISBN _ 978-89-93280-64-7 03370

안상섭의 행복한 세상만들기

행복한 교육 행복한 미래

안상섭 지음

學而思 | 학이사

책을 펴내며

1막 유기농

2막 열매

3막 나눔과 봉사

"나의 살던 고향은 꽃 피는 산골 ~
복숭아꽃 살구꽃 아기 진달래 ~ "

문득, 어릴 적에 내가 즐겨 불렀던 노래가 생각난다.

이 책에는 산골에서 자란 나의 모습이 고스란히 담겨져 있다.

내 고향 송동, 지금은 공단과 함께 어울려 지내지만 어릴 적에는 참으로 산골이었다. 어린 시절을 산골에서 보냈던 나는 모든 자연을 좋아하지만 특히 소나무와 대나무가 내는 바람소리를 좋아한다. 산과 들에 뛰놀면서 들었던 겨울 소나무의 청아한 바람소리와 대나무 숲에서 서걱이며 나던 그 아름다운 바람소리를 .

이처럼 아이들은 어릴 적의 아름다운 추억을 가지고 성인이 된다.

오늘날 우리 아이들은 어떤 아름다운 추억을 만들며 자라고 있을까?

나도 우리 아이들을 '공부! 공부!' 하면서 키웠다.

돌이켜 보면 과연 그 교육 방법이 아이들을 행복하게 했던 교육일까? 정답은 '아니다' 이다. 지금에서야 후회가 된다. 그렇다면 지금이라도 방법을 바꾸어 보자. 모든 아이들이 행복하게 교육을 할 수 있도록 바꾸어 보자.

《행복한 교육 행복한 미래》에는 나의 어릴 적 행복 했던 모습과 현재의 모습, 그리고 미래 우리 아이들이 가져야할 행복한 교육방법을 제시하고 있다.

학교폭력예방과 상담, 행복한 가정 만들기, 행복한 학교 만들기, 행복한 나 만들기, 감사리더 전문가 양성 과정 등 여러 가지 프로그램을 진행하면서 내가 느끼고 개선해야 할 부분들을 고스란히 담았다.

또한, 최근 우리 아이들이 겪고 있는 학교 폭력과 자살, 인터넷 게임 등 스마트폰 중독, 학교부적응과 학업중단, 일탈과 범죄 등이 심각한 사회적 문제로 대두되고 있는 부분의 해결책을 담아 보았다.

우리의 미래인 아이들이 정말 행복해지기 위해서는 말로만 하는 인성교육이 아닌 실질적인 인성교육이 필요한 때이다.

이제 우리 모두가 책임 있는 자세로 진지하게 고민하고 해결을 위해 실천해야 할 때이다.

2014년 2월 새봄에

1막 유기농

아버지의 자전거 / 하얀 고무신과 검정 고무신 / 어머니와 부지깽이(섭아~ 섭아~) / 물레방아의 기적 / 2전 2패 그리고 2전 2승 / 호랑이 선생님 외삼촌 / 나를 치료한 무학고등학교 / 사도의 길을 걷다 / 해병대 사나이 / 아버지와 이별 / 커뮤니케이션과 리더십 학교 / 아버지와 분필통

아버지의 자전거

오후 햇살이 가득한 시간에 잠시 졸음을 쫓기 위해 연구실에서 음악을 틀고 창밖을 본다. 고향의 아름다운 운제산이 한눈에 들어온다. 날씨 또한 운동하기에 아주 좋은 날이다. 그때, 어디선가 자전거 요롱소리가 들려온다. '따릉~ 따릉~', 운전 하시는 분을 보니 갑자기 내가 세상에서 제일 존경하는 아버지의 모습이 떠오른다. 갑자기 아버지가 보고 싶어진다. 아~ 그리운 아버지.

포항시 남구 대송면 송동2동 451번지에서 2남4녀 중 다섯째로 태어난 나는 집안에서 귀한 아들이었다. 아버지가 외동이고, 세 명의 누나들과 형, 그리고 여동생이 있었다. 외동인 아버지에게 아들 중 둘째로 태어났으니, 얼마나 귀한 아들이었겠는가.

당시 아버지는 시청 공무원으로서 겨울을 제외하고는 출퇴근을 송동에서 포항시청(그 당시 덕수동)까지 늘 자전거를 타고 다니셨다. 아마 그 당시에 자전거는 오늘날 승용차와 동일한 가치가 아닌가 싶다. 나는 집에서 열심히 친구들과 놀고 있을 때, 아버지의 자전거 소리가 '따릉~따릉~' 하고 울리면 맨발로 뛰어 나갔다. 열심히 뛰어나갈 때면 아버지는 늘 내가 원하던 것을 하나씩을 가져다 주셨다.

내가 세상에서 제일 좋아하는 축구공을 자전거 뒤에 싣고 오시는 것이었다. 그것도 다이아몬드 공으로~, 다이아몬드 공은 오늘날은 거의 대부분이 사용하고 있지만 60년대 후반에는 시골에서는 거의 볼 수가 없었다. 학교에서 조차 다이아몬드 공이 없던 시절이었으니 얼마나 귀한 공이었을까.

나는 동네에서 아버지 덕분에 인기가 좋았다.

동네 친구들과 형들이 같이 축구하자며 매일 집 앞에 장사진을 이루고 있었다. 학교에 가서 축구를 시작하면 나는 거의 매일 해가 저물어야 집으로 들어오곤 했다. 그 덕분에 지금도 친구들이나 선배들과의 관계가 돈독하게 유지되는 것 같다.

또, 아버지의 자전거 소리가 들린다. 따릉~ 따릉~, 오늘은 뭘까?

"아부지요~" 하면서 뛰어 나간다. 이번에 아버지 자전거에서는 아주 귀한 선물이 나온다. 우리가 학교 다닐 때는 가방이 없고, 책을 보자기에 싸서 등 뒤에 짊어지고 가거나, 아니면 허리에 묶고

다녔다. 하지만 나를 사랑하는 아버지의 마음은 그렇지가 않은 것 같았다. 이번 자전거 뒤에는 죽도시장에서 제일 좋은 책가방이 실려 있었다. 어린 마음에 얼마나 좋은지 우리 반에서 최초로 가방을 가지고 다녔다는 기분, 느껴 보지 않으면 모를 것이다.

또, 아버지의 퇴근 소리, 자전거 소리가 들렸다.

이번의 선물은 무엇일까?

축구를 하려면 검정고무신을 신고 해야 하는데, 불편하기 그지없었다. 아버지가 그것을 아시고는 왕자표 축구화를 사 오신 것이다. 축구화를 신고 얼마나 축구를 했는지 한 달을 채 못 신고 떨어졌지만, 아버지가 사 주신 축구화는 우리 반에서 자랑거리가 된 축구화다.

아버지의 자전거는 어린 나의 소망을 전부 들어주었던 자전거였다.

자전거 소리가 아버지를 생각하게 해 주 듯 나는 우리 아이들에게 어떤 모습을 보여 주었을까?

과연 우리 아버지만큼 아이들에게 사랑을 베풀었을까 하고 생각해 보면 그래도 아버지가 자식을 사랑하는 마음만큼 보다 더 우리 아이들에게 사랑을 베풀었다고 말 할 수 있을 것 같다.

사랑합니다! 아버지! 그리고 보고 싶고 그립습니다.

하얀 고무신과 검정 고무신

나는 아들이 둘이다.

첫째 아들은 운동을 좋아하지 않고, 음악, 영화, 독서가 취미이다. 그러다 보니 운동을 하지 않는다. 아니 하지 못한다. 둘째는 운동을 엄청 좋아한다. 그 중에 축구를 엄청 좋아한다. 내가 가르쳐 주지도 않았는데 스스로 축구 캠프도 가고, 아이들과 내기 축구를 하기도 한다. 나와 둘이 앉으면 국가대표 이야기, 반 대항 축구 이야기 등 온통 축구이야기로 소통한다.

큰 아이도 아주 어릴 적에 축구를 가르쳐 보았지만 잘 되지 않았다. 축구를 하는 내내 헛발질을 하기 일쑤였다. 가르쳐도 안 되는 모습이었다. 아니 내가 가르치지 않았다. 왜냐하면 나를 닮으면 안 되기 때문이었다. 나는 축구를 너무 좋아한 나머지, 공부보다 축구를 좋아했다는 것이 때로는 후회가 되었기 때문이다. 그래서 큰 아들이 남학생 친구들과 어울리기가 어려운 것 같아 죄책감이 든다. 그런데 작은 아들이 어느 날 축구화를 사 달라고 하길래, 아버지께서 나에게 그러하셨듯이 제일 좋은 축구선수용 축구화를 사 주었는데 갑자기 어릴 적에 내 전용 축구화 검정고무신 생각이 난다.

어릴 적에 아버지가 가끔 축구화와 축구공을 사주셨다. 그래서 나는 시골에서 행복하고 귀하게 자랐다. 남들이 가지지 못하는 축구공과 축구화를 가지고 있었으니 말이다.

대체적으로 어릴 적의 축구화는 설빔 등으로 잘해야 1년에 한 켤레 정도였는데, 요즘처럼 가죽으로 된 것이 아니고 거의 비닐과 비슷해서 몇 번 공을 차면 찢어지는 축구화였다. 그것도 흔치 않아 평소에 신던 검정고무신이 대부분 아이들의 축구화였다. 지금 생각해 보면, 운동장은 자갈, 신발은 검정고무신, 머리는 까까머리가 전부이며, 새까만 얼굴과 피부, 거의 흑인을 방불케 한다고 보면 될 것이다.

검정고무신을 신고 축구를 한다. 축구공은 다이아몬드공이 떨어져 짚 반, 다이몬드 반으로 한다. 멀리차도 나가지 않는 공이다. 그런데 슈팅을 하거나 드리볼을 할 때면, 어느새 검정 고무신은 축구공보다 더 멀리, 더 높이 날아가 버린다. 그래서 쉬는 시간에는 검정고무신에 새끼를 묶어 다시 게임을 한다. 그 새끼가 가만히 있을 수 없다. 새끼는 짚으로 만든 것이기 때문에 신발 가운데 묶은 부분이 자유롭지 못하다. 그래서 불편하기 짝이 없다. 반별, 혹은 동네별 내기 축구라도 하는 날은 거의 맨발로 축구를 한다. 발은 또 얼마나 아픈지, 그래도 다치는 사람 하나 없이 축구를 잘도 한다. 아마도 '펠레 선수도 이렇게 맨발과 검정고무신으로 축구를 했겠지' 하고 위안으로 삼는다.

당시의 나의 희망은 하얀 고무신을 신어 보는 것이었다. 할아버지나 아버지처럼 하얀 고무신을 깨끗하게 닦아 신고 다니시는 것이 어린 마음에 얼마나 좋아보였을까? 그래서 아버지 신발을 신고 다녀 보면 거의 항공모함이다. 발 반, 신발 공간 반이니 얼마나 하얀 고무신을 신고 싶었겠는가?

그래서 검정고무신에서 하얀 고무신을 신기 위한 계획을 짰다. 어느 여름철에 큰 비가 왔다. 요즈음은 별로지만 옛날에는 큰 비가 오고 나면 논과 논 사이에 고랑에서 미꾸라지를 잡는 것이 유행이었다. 그래서 할머니께 부탁을 해서 미꾸라지 잡는 망태기와 미꾸라지를 담을 수 있는 주전자를 들고 용감하게 친구들과 냇가로 논가로 갔다. 열심히 미꾸라지를 잡다가 불현듯 신고 있는 검정고무신을 하얀고무신으로 교체할 수 있는 기발한 아이디어가 떠올랐다. 평소에는 신발을 시멘트에 문질러도, 나무에 문질러도 떨어지지 않는 신발을 간단하게 한방에 보내는 좋은 기회를 찾은 것이다. 신발 한 짝을 냇가에 버리는 것이었다.

나는 용감하게 신발 한 짝을 냇가에 떠내려 보내기로 마음을 먹고 신발 한 짝을 냇가로 날려 버렸다. 그리고 집으로 울면서 돌아왔다.

주전자에는 성공적인 작업이 아닌 조금의 미꾸라지, 그리고 잃어버린 신발 때문에 울면서 들어온 나를 보고 할머니는 달랬지만, 어머니는 화를 내면서 야단을 치셨다.

본전도 못할 것을 왜 가지 말라는 곳에 가서 신발을 잃어버렸냐는 것이었다.

나는 이 정도의 야단으로 검정고무신에서 하얀 고무신으로 바꿀 수 있었다고 생각했지만, 어머니는 다음날 죽도시장 자명고무상회(어머니 단골집)에 가서 다시 검정고무신을 사가지고 오셨다.

나는 그 후로도 계속 검정 고무신만 신고, 하얀 고무신은 결국 아버지 신발을 신어보는 수밖에 없었다.

어린 마음에 얼마나 하얀고무신을 신고 있는 아버지가 좋아 보였을까?

나는 아직도 가끔 내가 가지고 있는 것이 마음에 들지 않으면 검정고무신에게 했던 것처럼 행동을 한다. 이런 행동이 과연 퇴행행동일까? 아니 우리 아이들도 아내도 나와 같은 생각을 한다. 과연 퇴행일까? 아니다 행복을 만들어 가는 가정에서 살아가면서 이런 과정, 저런 과정은 우리들의 행복한 마음일 수도 있다는 생각이 든다.

어머니와 부지깽이(섭아~ 섭아~)

어느 날 작은 아들의 성적표가 집에 도착했다. 성적표를 보내 한 학기 동안 열심히 공부한 결과가 들어있었다. 전교 석차 상으로 볼 때 아주 우수한 성적이었다. 하지만 첫째 아이와 비교했을 때 만족할 수 없는 성적이었다. 그래도 아들에게 격려를 해 주었다. 아이들의 성적을 가지고 서로 비교하는 만큼 스트레스가 없기 때문이다. 하지만 자신이 만족하지 못한다고 밤늦게 하교한 아들의 얼굴은 근심과 화가 가득하다. 나는 아들에게 말했다. "아들아! 잘 할 수 있어, 열심히 하면 더 좋은 결과가 나 올거야!" 하고 지지와 격려의 말을 아끼지 않았다. 아마 둘째여서 여유 있게 격려를 할 수 있었던 것 같다.

어릴 적에 내 인생에 성적표는 없었다!

5학년 여름방학 종업식을 마쳤다. 모두들 방학이라고 소리치고 난리다. 나는 친구들과 방과 후 자율학습을 한다. 송동2동 대 공수동 축구시합을 한다. 축구시합이 끝났을 때는 이미 해가 서녘으로 넘어가고 있었다. 부랴 부랴 친구들하고 헤어지고 집으로 오고 있었다. 집에 들어서는 순간 분위기가 싸~아 했다. 엄마가 나를 부르는 눈빛과 손짓이 범상치 않아 보였다. 순간 아~ 무슨 일이 있구나 직감했다.

"섭아~ 오늘 방학 했재!"

"응!"

"그런데 왜 이제 오노?"

"친구들하고 축구하고!"

"오늘 학교에서 방학한다고 뭐 안 주더나?"

"없는데, 안 줬는데!"

"일로 와봐라!" 하시면서 손가락을 위로 아래로 흔들고 계셨다.

나는 순간 아 올 것이 왔구나! 성적표를 보시길 원하시는구나.

나는 개인적으로 이때까지는 성적표가 그렇게 중요하지 않다고 생각하고 있었다. 왜냐하면 그 성적이 그 성적이 아닌가 생각했기 때문이었다.

그런데 문제는 육촌하고 같은 반이었는데, 육촌은 시험만 치변 1등 혹은 2등이었다. 그런데 방학을 하면서 큰집인 우리 집에 와서 이 친구가 자랑을 했던 모양이다. 1등 했다고, 그것이 화근이 되었다.

그래서 화가 난 어머니는 기다려도, 기다려도 오지 않는 아들을 원망하며 분해하고 있었던 것이다.

그러면 어머니의 화를 다스리기 위해서는 내가 가지고 있는 내 성적표를 보여 주면 될 것이 아닌가?

아니다!

미안 하지만 내 성적표는 내가 학교에서 올 때 이미 냇가에 종이배를 만들어 보낸 후였다. 내 고향 송동의 남성학교는, 학교에서 집으로 건너올 때 형산강으로 연결되는 칠성천이 있다.

앞으로 다가올 그 상황을 모른 채 천진난만하게 그 칠성천의 남성교 다리 밑에서 종이배를 재미있게 보내고 집으로 돌아온 것이다.

그러니 어머니는 얼마나 화가 나겠는가?

육촌하고 성적을 비교하니 더욱더 화가 나 죽겠는데!

어릴 때부터 어머니는 항상 집식구 전체를 건너 집, 혹은 다른 집과 비교를 했던 것 같았다. 안 씨 집성촌이고 친척들의 나이가 전부 비슷하기 때문에 비교를 많이 했던 것이다. 그 비교 끝에 내가 걸려들었다. 내 동생은 항상 공부를 1등하기 때문에 비교 대상이 되지 않는 아들이 된 것이다.

어머니는 밖에서 저녁을 하기 위해 불을 넣고 있다가 내가 나타나니 나를 불렀다. 불렀는데 엄마의 인상을 보니 위협을 느끼고 나는 가까이 가지 않고 멀리, 멀리 떨어지고 있으니, 엄마가 불을 넣고 있는 부지깽이를 집어던지면서 따라왔다.

그런데 우리엄마는 특수부대원인가? 그 부지깽이가 내 종아리를 정통으로 때렸다.

그 부지깽이는 날아오면서 연기만 있던 것이 불이 붙은 채 내 종아리를 맞추었다. 나머지는 상상에 맡기겠다.

도망가다가 놀란 내가 콕 꼬꾸라지는 순간 옆에 있던 우리 집 누렁이가 좋다고 내 얼굴을 막 핥고 있지 않은가. 화가 머리끝까지 치민 나는 똥개의 배를 걷어찼다. 나는 축구를 했기 때문에 다리의 힘은 굉장했다. 개는 멀리 날아가면서 기절을 했다. 우리 엄마가 따라오면서 이렇게 말했다. "이 놈의 종내기 공부도 못하면서, 집안 살림까지 말아먹는다!" 나는 도망가면서 더욱 화가 났다. "아니 내가 어떻게 집안 살림까지 말아먹었노?" 그런데 내 발에 차인 개에게는 얼마나 미안했는지, 다행히 정신을 차린 개는 엄마의 소리를 듣고 같이 도망가고 있었다. 이 때 나는 개한테 말을 했다. "미안하다. 내 속마음은 아니었는데. 미안하다"하면서 개의 머리를 쓰다듬어 주었다.

그리고 한 참 후에 집에서 누나와 동생들이 밥 먹자고 나를 찾아왔다. 못이기는 척 하면서 집으로 들어갔는데, 우리 어머니 하시는 말씀 "아이고 이놈의 종내가! 상그이 똥 빨아 먹어라!"하시면서 혼을 내셨다. 또 어린 마음에 얼마나 상처가 컸겠는가?

충격! 또 충격이었다.

하지만 대가족인 우리 집에서 누나들과 형이 있어 나의 상처를 보담아 주었다. 그리고 아버지가 퇴근할 때 다시 한 번 말씀드리고 아버지의 지지를 받을 때면 어머니가 나에게 하신 말씀은 전부 사랑하기 때문에 하신 말씀으로 기억을 되돌린다.

지금 생각해 보면 어머니가 특별히 보내주신 교육열은 지금의 나를 만든 게 아닌가 생각한다. 모진 말씀도 어머니는 기억에 없다고 하신다. "내가 언제 아들한테 그런 이야기 했노?" 하신다.

어머니 고맙습니다.

어머니가 저에게 보내주신 교육열이 아니었으면 지금의 상섭이는 있지 않았을 것입니다.

오늘날 내가 상담을 하고 강의를 하면서 자녀를 행복하게 만들어 주려면 가장 먼저 다른 아이들과 비교를 하지 말라는 것이다. "어떤 일이 있더라도 사람은 각개인의 능력과 특색이 있기 때문에 비교 하면 열등의식이 생기고 비난의식이 생깁니다. 절대 비교하지 말길 바랍니다."라고 강의와 상담을 한다.

지금 나도 우리 아이들을 키울 때 부정적인 말을 하지 않고, 긍정적인 말을 많이 하면서 '사랑한다~ 아들아!' 하고 지지의 표현을 하고 있다. 아이들은 부모의 사랑을 먹고 자란다. 사랑만큼 성장하니까 여러분의 자녀도 무한히 사랑해 주길 바란다.

물레방아의 기적

오랜 만에 포항시내에 나갔다. 포항시내라고 해봐야 서울의 한 개 동네, 아니 조금 크면 서울에서 제일 작은 한 개의 구청의 번화가 정도라고 생각된다. 하지만 내가 중학교 다닐 때는 포항에서 제일 번화한 곳이 오거리와 육거리다.

오늘은 육거리에서 남빈 사거리까지 한 번 걸어보았다. 그런데 갑자기 초등학교 6학년 겨울방학 때 육거리 청룡소리사에서 들려오는 노래 소리가 귓가에 멤돈다.

'한 번 보고 두 번 보고 자꾸만 보고 싶네~ '라는 소리가 자꾸 귓가에 맴돈다. 고개를 돌려 뒤를 돌아보니 길게 늘어선 자동차 소리만 들린다.

때는 1975년 1월, 겨울로 생각이 된다. 어머니와 아버지의 높으신 교육열로 인해 누나와 형, 그리고 동생은 전부 집 가까이 있는 영일중학교를 나왔는데, 나는 혼자 초등학교 때부터 포항으로 유학을 보냈고, 그 결과 남성학교에서 영흥국민학교로 전학을 왔다. 도시의 아이들은 정말 치열하게 공부를 하고 있었다. 아니 공부뿐만 아니라 놀이 문화도 달랐다. 우리는 산에서 나는 칡, 삘기, 송기 등을 먹고 자랐는데 도시의 친구들은 뽑기, 국자, 오뎅 같은 것을 먹고, 도시락도 촌아이들은 혼분식 밥에 고추장이 전부였는데, 시내아이들은 보온 도시락에 달걀반찬에 오징어, 쥐포말림, 김말이 등 어마어마하게 달랐다. 얼마나 기가 죽었겠는가? 나는 고모네 집에서 다녔는데 그나마 고모가 반찬을 맛있게 해 주어서 기죽지 않고 다닌 기억이 난다.

포항은 초등학교를 졸업하기 전 1월 정도에 중학교 배정을 위한 추첨을 한다.

포항시내에서는 지금과 같이 많은 학교가 있는 것이 아니고, 포항에서 제일 명문인 공립 포항중학교, 사립 동지중학교, 사립 대동중학교에 배치를 받는 것이다. 지금처럼 컴퓨터를 활용하지 않고 본인의 손놀림에 따라, 신의 운명에 따라 정해진다는 것이다. 추첨 장소는 지금 포항 초등학교(현재와 동일) 강당에서 추첨을 했다. 먼저 물레방아처럼 생긴 것을 자신이 돌리도록 되어있다. 나는 앞으로 한 번, 뒤로 한 번, 다시 앞으로 한 번 돌렸다. 내가 가진 번호는 1번으로 포항중학교로 배정받은 것이다. 동그란 명찰에 흰색, 녹색, 노란색으로 포항에서 제일 유명한 중학교였다, 물론 내가 다

닐 때 보다 훨씬 오래전 선배님들 때는 명문이지만, 70년대 들어오면서 중학교 시험이 폐지되면서 평준화가 되었다. 하지만 이 지역에서는 그 당시 포항중학교라고 하면 명문중학교라 불렀다. 내 기분이 어땠을까? 하늘을 날아가는 기분이었다. 친구들은 포항중학교, 동지중학교, 대동중학교로 갈라져 서운하기는 했지만 지금 생각해 보면 물레방아의 힘이 많은 동문을 가진 포항중학교로 보내준 기적이 아닌가 생각한다.

학급도 포항중학교는 10학급으로 한 반에 65명씩, 한 학년에 65명 정도로 동지중학교 6반, 대동중학교 4반과는 규모다 다르다. 그 덕택에 지금 포항생활을 하면서 거의 절반은 동문 선후배로 불린다.

남자들은 세상을 살아가면서 인연을 중시한다. 혈연, 지연, 학연, 사연 등으로 구분되는 그리고 이렇게 하나라도 연결이 되면, 포항중 몇 회십니까? 물어보고, 기수가 낮으면 반말, 높으면 형님, 혹은 선배님으로 통한다. 이게 사람 살아가는 세상이 아닌가 생각한다.

나는 아직도 신중현 씨의 '한 번 보고, 두 번 보고 자꾸만 보고 싶네~' 라는 노래가 나오면 그때 물레방아를 돌리던 기억이 난다.

2전 2패 그리고 2전 2승

어느 신문사 기자에게서 전화가 왔다. 학교 폭력으로 인한 자살한 사건에 대해 인터뷰 요청이었다. 나는 학교폭력과 관련된 상담, 학생들이 행복하게 학교생활 할 수 있도록 하는 상담, 부모교육, 기업교육을 하면서 여러 층의, 여러 종류의 상담을 많이 해 준다. 그런데 정작 나는 학교폭력과 관련이 없었을까? 한번 생각해본다.

초등학교 1 년 때 나의 키는 반에서 어땠을까? 한마디로 말하면 앞에서 두 번째 앞으로 나란히 하면 내 앞에 친구 하나가 있을 정도로 왜소했다.

그런데 어느 날 우리 반 반장과 시비가 붙었다. 우리 반에서 둘째로 큰 키를 가진 뭉치, 제일 큰 키를 자랑하는 아이는 호기, 성태, 그 다음이 뭉치다. 그런데 뭉치와 내가 한 판 붙었다. 그것도 초등학교 1학년들이 붙었다. 그 당시에 우리들이 싸우는 장소는 화장실 뒤로 정해 져있었다. 화장실은 지금처럼 실내에 있는 것이 아니고 교실에서 멀리 떨어져 있는 재래식화장실이다. 화장실 뒤에서 꺼꾸리와 짱다리가 한 판 붙었다. 게임이 되겠는가? 어릴 때 싸움은 코피가 나면 게임 끝이다. 코를 다치지 않게 하기 위해 서로 코를 감싸고 있는 데 뭉치의 큰 키와 리치가 내 코 위를 때린 것이다. 코피가 나는 순간 나는 항복했다. 그런데 일은 그 이후에 벌어졌다. 바로 위의 누나가 같은 학교에 2학년이었다. 누나가 이 사실을 알고 빨리 집에 가서 엄마한테 알려 준 것이다. 사실 뭉치라는 친구는 우리 외갓집 동네아이로서 우리 외할머니와 뭉치 부모님과 친한 사이이고, 외할머니는 동네에서 호랑이 할머니로 소문이 나 있다. 사정이 이 정도 되면 나에게 이긴 뭉치의 사정이 어떠했는지 여러분들의 상상에 맡기겠다. 한 마디로 난리 난 것이다. 우리는 지금도 만나면 그 때 일을 가지고 한 동안 웃고 지낸다. 세월이 지나가면 별거 아닌데, 학교폭력이란 그 순간을 잘 넘겨야 한다고 본다. 이것이 나에게 안겨준 1패다.

그 다음 1패는 중학교 3학년 때 내 짝인 병노와의 싸움이다. 지금은 어느 기업에 재직 중이며, 병노는 그때의 일을 기억 못하지만 나는 피해자이기 때문에 기억을 한다. 그러면 피해자는 기억을 하고, 가해자는 기억을 못한다는 이야기다. 그래서 피해자에게 트라우마가 생기지 않게 하기 위해 많은 치료를 해야 한다는 것이다.

때는 1977년 가을에 병노와 나는 농구 골대의 밑기둥에 주먹만

한 고무공으로 축구 경기를 했는데, 나는 골인, 병노는 노골인으로 시비가 붙었다. 그래서 한판 붙었는데, 병노가 기습적으로 내 목을 졸라버렸다. 나는 기권을 한 것이다. 청소년들은 이렇게 별것도 아닌 것을 가지고 싸움이 벌어진다. 그 것이 내 인생에 2패를 안겨준 것이다. 위의 두 종류는 그 당시의 기준으로 보면 학교폭력이 아니다. 이렇게 친구들과 싸우고 나면 더욱더 우정이 돈독해 진다. 하지만 지금에 이러한 일이 벌어진다면, 분명 학교 폭력이다. 그래서 학교에서 처벌을 받기도 한다. 이제 수 십 년이 지난 지금 친구들은 만나면 즐거운 추억으로 남긴다.

이러한 경험을 가지고 아이들을 상담할 때면, 주로 타협하기를 권한다. 서로에 대한 이해와 배려를 하도록 한다. 그리고 3패가 될 뻔한 부분이 있었는데 이 것은 3패가 아니고 내가 일방적으로 불량배들에게 돈을 빼앗기고 말았기 때문에 학교폭력과 관계가 없는 것이지만 나에게 엄청나게 큰 자극을 준 사건이었다. 고등학교 3학년 때 예비고사를 마치고 포항으로 내려와 친구와 함께 죽도시장 먹자골목으로 건너가다가 국제극장 골목으로 불려가서 돈을 빼앗긴 사건이다. 그런데 우리 돈을 빼앗은 불량배는 내가 나온 포항중학교 동기와 중학생 후배들이었다. 얼마나 부끄러운 일인가? 그 이후 대학에 가서 합기도와 검도를 하면서 마음과 몸의 자신감을 가지고 열심히 운동을 해 대학 4학년 때 합기도의 기합소리로 1승, 해병대 휴가에서 싸우지 않고 소리와 자세로 1승, 그래서 2전 2패 후 2승이 된 것이다.

학교폭력은 분명 없어져야 한다. 하지만 생활지도는 학교 교사만 하는 것이 아니다. 교사와 학부모, 지역사회 모두가 손을 모아야 한다. 학창시절에 한 번 정도는 경험을 한다고 한다. 하지만 그것이 지나치면 안 된다. 그것이 밥상머리 교육을 통해 가정에서 시작된다. 이제 우리 자녀들이 밥상머리에서 부모와 함께 아름답운 인생을 설계 할 수 있는 여유를 줄 수 있는 교육을 한다면 결국 학교폭력이라는 단어는 사라질 것이라고 본다.

아이들을 바라볼 때, '사고 칠 아이구나!' 하고 낙인찍지 말고 행복하게 생활할 수 있다는 가능성을 열어주고 기다려 주는 부모님과 어른이 되었으면 한다.

호랑이 선생님 외삼촌

대구 인터불고 호텔에서 무학총동창회 신년교례회가 있었다. 포항에서 열심히 동문선배와 후배들을 만나러 갔다. 오랜만에 만난 선배님들과 후배들과 함께 얼마나 즐거운 이야기꽃을 피웠는지 시간 가는 줄 몰랐다.

그러다 우연히 외사촌형인 철호 형 이야기가 나왔다. 철호 형은 나보다 2년 선배로서 어릴 적부터 외갓집에서 같이 자라고 놀았던 형이다. 선배들은 모두 서로 사촌인줄 몰랐다고 한다. 나는 고등학교 다닐 때 우리 형을 꽤나 의지했다. 왜냐하면 공부도 제일 잘하고, 운동도 잘하고, 무학고등학교 총학생회장으로 아주 멋진 사람이었다. 그런데 갑자기 외삼촌이야기가 나왔다.

1978년 2월 난 처음으로 엄마와 함께 기차를 타고 하양으로 왔다. 무학고등학교에 들어가기 위해서 입학하기 전에 외갓집으로 온 것이다. 낯선 고향 오직 아는 사람은 외삼촌집 식구들이다. 어머니 형제는 이모와 외삼촌뿐이다. 외삼촌은 포항에서 초등학교 교사생활을 하다가 경산 하양으로 발령을 받아 외숙모와 모든 식구들이 하양에 정착하게 되었다. 외갓집은 교육자 집안이다. 외삼촌과 외숙모님 모두 교사였기 때문에 집안 분위기는 공부하는 분위기였다. 그런데 내가 처음 외삼촌 집에 왔을 때 어머니와 같이 왔다가 어머니는 하루 이틀 묵다 포항으로 내려 가셨다. 나는 남의 집에 처음으로 우리 가족이 없이 잠을 자 보았다. 외갓집 식구들은 모두 피아노를 잘 쳤다. 형님과 누나, 여동생 모두들 피아노 선수 정도였다. 그래서 노래를 좋아하는 나는 젓가락 왈츠 정도를 배워 동생들과 가끔 피아노를 치기도 했다. 엘리제를 위하여라든가 등등을 치기도 했다. 외삼촌은 음악천재이시다. 눈을 감고 피아노를 칠 정도로 잘하신다고 소문이 나있었고, 작사와 작곡도 잘 하셨다. 그런데 가끔 화가 나면 대단 했다.

어느 날 사촌형이 학생으로서 하지 않아야 할 술을 친구들과 함께 먹고 들어온 것이다. 이게 화근이 되어 집안은 전투가 벌어졌다. 형은 외삼촌의 강압적인 방법에 대들고, 나는 말리고, 그래도 외삼촌은 화가 안 풀리시는지 무서운 모습을 하고 형의 뺨을 때렸는데, 그 때 코피가 안방 벽에 뿌려졌다. 나는 태어나서 어른이 아이를 두들겨 패는 모습을 처음 봤다. 겁이 덜컥 났다. 외삼촌의 두 얼굴이, 아니 이중적인 모습이 나중에 나한테 화살이 날아오면 어

떻게 하나 하는 고민이 생겨났다. 그러던 중 어느 날 외삼촌이 아침 식사를 하다가 물었다.

"섭아! 세상에서 누가 제일 무섭노?" 라고 농담 삼아 질문을 했는데 나는 느닷없이 ’ 외삼촌! ‘하고 말해 버렸다. 순간 방안의 분위기는 웃음바다가 되었다. 어떻게 세상에 제일 무서운 사람이 외삼촌일까? 아니다. 나는 내가 태어나서 처음으로 아버지에게 아들이 두들겨 맞는 것을 본 충격이 너무나 컸기 때문에 당연히 외삼촌이

제일 무서운 것으로 여겨졌을 것이다.

이렇게 무서울 때면 나는 집 밖으로 나가 포항 가는 시외버스를 탈까? 아니면 포항 가는 기차 소리를 들으면서 포항으로 갈까? 많은 고민을 했다.

이렇게 무서운 외삼촌과 함께 3년을 보내면서 나는 나 자신에 대한 자기관리를 철저하게 하는 것을 배웠고, 음악을 좋아하는 사람으로 자란 게 아닌가 생각한다.

그래도 낭만을 알면서 자기관리를 잘 할 수 있도록 만들어 주신 외삼촌과 철호 형에게 감사한다.

고등학교 시절의 생활에 최선을 다하는 성실함, 이 모든 것은 외삼촌의 영향이었다는 생각이 든다.

그렇습니다. 아이들은 지금 주어진 환경에서 최선을 다하면 되지만, 제가 살아온 것 처럼 적응이 필요한 청소년 시기에는 마음이 여러 갈래로 벌어진답니다. 누군가가 옆에서 코치와 안내를 해 준다면, 그리고 기다려 준다면 그 아이는 아주 좋은 마음의 영양제를 먹으면서 행복하게 자랄 수 있답니다.

나를 치료한 무학고등학교

세상은 매우 빠르고 급하게 돌아가고 있다. 그러다가 어느 순간에 '천천히', '천천히' 라는 이야기가 많이 나온다. 사람들이 이제 자신을 돌아보며 살아갈 수 있도록 여유를 가지라고 말한다. 그렇다. 내가 고등학교 교사 시절에 한 학생을 상담한 적이 있다. 이 학생과 상담한 것은 '발표를 하려고 하면 떨리고, 말을 빨리 하고 싶어서 말을 더듬거리게 됩니다. 이러한 모습을 가지고 친구들이 자꾸 놀립니다.' 라는 것이다. 이 학생에게 내가 고등학교 생활하면서 나를 치유해 준 것을 가르쳐주었다.

나는 중학교 때까지 약간의 언어장애, 즉 말더듬이 장애가 있었다. 하지만 지금 내가 말더듬 장애가 있었다고 하면 아무도 믿지 않고 거짓말이라고 한다. 나는 대중 강의를 하고, 상담을 하는 사람이다. 얼마나 말과 관련해서는 자신감을 가지고 있겠는가? 그렇다. 지금의 내 모습은 완치되어 이제는 누구와 대화해도, 어느 강의장에 가도 말더듬이라든지, 떨림이 없는 고급강사가 되어있다.

하지만 이러한 치료를 나는 무학고등학교에 입학하면서 저절로 해결이 되었다. 입학하면서 외갓집에서는 음악과 피아노를 많이 접했고, 학교에서는 고전, 지금 같으면 문학이라고 할 것이다. 고전 과목과 국어 과목, 그리고 한문과 영어 과목에서 읽기를 유난히 많이 했던 것 같다. 책에서 한글과 한문이 같이 나와 있으면, 나는 한글을 지우고 한문만을 소리 내어 읽었다.

영어와 국어도 마찬가지로 소리 내어 읽는 것을 좋아했다. 또한 수업시간에 발표하는 것을 좋아했다. 그래서 친구들은 나에게 '나서기' 라는 별칭을 붙여 주기도 했다. 하지만 나는 친구들과 있을 때나 수업을 할 때나 항상 앞에 나가서 말하는 것과 책 읽는 것을 좋아하다 보니 어느 순간에 말을 더듬는 버릇이 없어졌다.

그리고 운동, 특히 체육시간에는 유도를 했고, 방과후에는 태권도 도장에 가서 태권도를 배웠다. 이런 운동은 내 마음을 강하게 했고, 자신감을 가져다주었다.

나는 무학고등학교에서 생활 자체가 힐링이라고 봐도 좋을 것 같다. 그리고 나는 학교 다닐 때 친구와 함께 기타를 배운 적도 있었다.

지금 심리학을 공부하고 보니, 노래를 통해 자신감과 여유를 가

지면서 내 마음을 힐링했고, 친구들과 들로 산으로 다니는 것이 자연과 함께 하는 마음챙김명상을 한 것이고, 장애를 가진 익승이와 함께 한 순간도 나눔과 베풂의 명상이 아니었나 싶다. 나는 무학고등학교가 내 인생에 가장 큰 선물을 안겨 준 것이라고 생각한다.

이렇게 나를 훌륭하게 만들어준 모교를 위해서 내가 할 수 있는 것이 무엇일까 한번 생각해 보게 된다.

여러분!

지금 급한가요?

여유를 가지고 생활하세요!

아무리 급해도 시간은 흘러갑니다. 그리고 다음 시간이 또 옵니다. 그리고 기다리는 마음의 여유를 가집시다. 그리고 행복한 마음을 가지시면 모두가 행복해 진답니다. 조급하게 마음먹는다고 빨리 해결이 되는 것이 아닙니다. 조급할 수 록, 마음속에 '여유' 라는 단어를 사용합시다. 그렇게 자신을 힐링 해 봅시다.

사도의 길을 걷다

2014년 대입제도는 정말 엉망이다. 교사와 학부모, 학생 모두 혼돈의 입시다. 시험 난이도는 실패했고, 과목별로 지금까지 실시하던 내용과 달리 A형과 B형으로 나뉘어 각 유형별로 난이도와 표준편차가 정말 많이 나는 아주 기이한 입시 제도를 만들어 놓은 것이다. 수능 시험을 치르고 나오는 아이들의 얼굴은 모두 한심한 얼굴이었다. 어떤 아이들은 울면서, 어떤 아이들은 말을 잃은 채, 어떤 아이들은 100미터 달리기를 하듯 달려가는 아이, 정말 이 아이들이 마루타인가? 교육은 백년지대계라고 했건만 정권이 바뀔 때 마다 입시제도가 달라 모두가 큰 혼란을 겪는다. 또, 올 한 해에 실시했던 A형과 B형 입시제도는 내년부터 없어진단다. 얼마나 우스운 일인가? 학부모와 교사, 아이들이 정말 마루타가 된 기분이다.

어느 날 연구소로 한 학생이 상담을 왔다. 진로에 대한 상담인데 어느 대학에 가서 어느 학과로 가면 나중에 무얼 할 수 있을지? 상담을 한 것이다. 상담을 끝내고 차 한 잔을 하면서 내 머리 속에 갑자기 내가 대학에 들어갈 시절이 생각이 났다.

아버지는 어릴 적부터 내게 큰 꿈을 가지고 계셨다. 고등학교는 경북고등학교(비평준화 시절), 대학교는 고려대학교 법대에 가서 고시 공부를 하고, 판사, 혹은 검사가 되는 게 아버지가 나에게 거는 기대였다. 난 그때 마다 예! 하고 '열심히 공부 하겠습니다.' 라고 아버지에게 다짐을 하였다. 하지만 난 내 실력을 알고 있고, 공부보다 친구들과 노는 것이 좋았고, 공부 보다 축구하고 노는 것이 좋은 아이였다. 그렇다고 해서 공부할 때와 하지 않을 때를 구분하지 못하는 것은 아니었다.

나는 항상 마음먹고 집중을 하면 성적이 올라가는 벼락치기 공부를 하곤 했다. 특히 중학교 때보다 고등학교에 가서는 노는 것보다 공부하는 것이 훨씬 재미가 있었고, 열심히 한 기억이 난다.

이임춘 교장 선생님(신부님)의 감독 아래 새벽까지 공부를 하면서 실력을 많이 향상 시켰다. 하지만 아버지가 원하는 대학에 가려면 턱없이 부족한 실력인데 걱정이 태산이었다. 대입시험을 치르고 원하는 성적이 나오지 않아 재수의 길로 들어서 다시 1년 공부를 한 후 아버지가 원하던 대학에 원서를 넣었으나 도 다시 실패했다. 그래서 결국 후기 대학이었던 대구대학교 사범대학 일반사회

교육과에 입학을 하게 된 것이다.

처음에는 아버지의 꿈을 이루기 위해 일반사회교육과에서 전공하게 되는 정치, 경제, 사회, 문화, 법, 행정이라는 과목을 듣다 보면 사법시험을 준비 할 수 있을 것이라 생각하고 입학했지만, 막상 입학을 하고 보니 교사가 얼마나 보람되고 기쁜 일인지 진로를 바꿔 버렸다. 물론 아버지는 서운 하시지만 교사가 되려면, 진정한 스승이 되어야 한다는 말씀을 하셨다. 진정한 스승은 제자를 사랑하고 제자로부터 존경을 받는 스승이어야 한다는 생각을 했다. 그 후 꾸준하게 4년을 사범대학에서 교사가 되었을 때를 공부하면서 교생 실습도 가고, 교사가 되는 것이 꿈이라는 사실을 기억하면서 사도의 꿈을 키워갔다.

아마 진로를 선택할 때 아직도 이 전공을 선택했을 때 사회에서 얼마나 취업이 잘되는 가를 보고 진로를 선택하는 사람이 많다. 물론 취업도 중요하지만 정말 우리 자녀의 특기와 적성이 무엇인지, 우리 아이의 꿈이 무엇인지를 보면서 진로를 선택하게 만들어야 할 것이다. 대부분의 진학담당교사들은 아이의 꿈보다, 우리학교 아이들이 어느 대학에 많이 들어갔느냐, 서울권에 얼마나 많이 들어갔느냐를 평가하는 것 같다. 물론 교육청의 관리자도 마찬가지다. 학교평가를 서울대에 기준을 둘 것이 아니고, 우리 아이들이 각자 자신이 원하는 대학과 학과에 얼마나 많이 들어가서 희망과 꿈을 펼칠 수 있느냐에 평가를 하는 것이 좋을 듯싶다.

진로는 아이의 희망과 꿈을 펼칠 수 있는 곳을 선택해 주는 것도 여러분의 임무가 아닌가 생각한다.

해병대 사나이

나는 가끔 내 인생에 고민이 있거나, 에너지가 필요할 때면 어김없이 찾아가는 데가 한 군데가 있다. 그곳은 내 마음에 고향, 내 정신의 고향인 오천 해병부대다.

난, 대한민국 해병대 547기다. 그것도 대학 졸업하고 군입대한 사람으로 동기들 중 군번 2번이다. 군번 1번은 정명섭, 그리고 군번 2번, 나이로는 동기들 보다 3살~4살 정도 차이가 난다. 하지만 아직도 같이 만나면 동기로 통한다. 그리고 고참들은 고참으로 통한다. 이것이 해병대가 아닌가 생각한다.

나는 심리학자다. 그런데 해병대와 심리학이 무슨 관계가 있는가? 사람들은 의아해 할 것이다. 난 포항사람으로 해병대에 대해서 부정적인 부분만 알고 있었다. 해병대는 사람이 아니고 짐승이다

라는 표현을 하기도 했었다. 입만 열면 '욕', 그것도 입에 담지 못할 정도의 욕을 하는 집단으로 매도되었었다. 하지만 사실이었다. 나도 해병대에 있을 때는 욕을 많이 했다. 하지만 그것은 타인으로부터 나를 강하게 하기위한 군대만의 전술인 것이다. 그것이 사회생활까지 연결이 되면 문제가 된다. 하지만 이러한 정신으로 사회생활을 하게 되면 정말 안 될 것이 없다고 생각한다.

나는 해병대에 1986년 5월 7일에 입대하여 1988년 8월 8일 제대했다. 포항에서 훈련을 마치고 포항에 배치되어 7연대에 배치되었다. 실무 배치 후에도 해병대에서 할 수 있는 훈련을 전부 마치고, 서울 수복기념 사단체육대회에서 연대 무장 구보 선수로 차출되어 죽을 고생을 했다.

약 12킬로미터를 완전군장으로 40분에 돌파했다.(참고로 완전군장의 무게는 기본이 20킬로그램과 총, 군화 등이다.) 그것도 혼자서가 아닌, 40명이 함께 오와 열을 맞추어 (여기서 오와 열은 줄을 맞춘다는 해병대 용어). 그런데 중요한 것은 대열에서 이탈하거나 낙오자가 생기면 옆 사람이 군장을 하나씩 나누어 메고 달인다. 모두가 하나가 된다는 훈련, 그 중에 특히 중요한 것은 호각소리에 발을 맞추고, 구령을 붙이면 자동적으로 다리가 움직이고, 호흡이 된다는 것.

그리고 훈련이 있건 없건 365일 내내 아침과 점심과 저녁 시간에 사단 전체에서 흘러나오는 팔각모사나이, 청룡은 간다, 해병대가

등등의 노래가 계속 흘러나온다는 것, 그리고 빨강명찰과 노란글씨의 의미, 팔각모의 의미를 지속적으로 해병들에게 가르친다는 것 모두가 심리학과 중요하게 연결이 되어있다는 사실을 알아야 한다.

노래 속에서는 자신감과 우월감, 그리고 유격훈련이나 전투수영, IBS(고무보트), 각종 행군 훈련을 할 때는 유일하게 해병대 사가라는 노래가 있다. 세무워카, 빠따가 등등의 노래가 있어 군 생활을 즐겁게 해주고, 제대 후에도 자신감을 가지고 생활을 할 수 있게 해 주었다. 이러한 것들이 해병대를 강하게 해 주고 제대한지 30년이 다 되어가는 지금도 필승의 정신으로 살아가고 있다는 게 신기하지 않는가?

아니다! 신기할 것 하나도 없다. 우리는 집단 최면에 걸린 것이고. 이 집단최면이 긍정적으로 인생을 살아가도록 방향키를 조절하고 있는 것이다. 이것은 심리학에서 만트라 명상의 원리라고 보면 된다. 자신이 원하든 원치 않든 일정한 소리를 자주 읊조리면 어느 날 뇌가 진동에 의해 긍정적으로 변하든, 부정적으로 변한다고 한다.

우리 해병대는 이렇게 만트라 원리를 활용해서 아직도 해병대! 하면 악!악!악! 소리를 지르도록 뇌가 조정되어있다고 보면 된다. 그리고 '무에서 유를 창조하는 해병!' '상승해병!', '한 번 해병이면 영원한 해병!'이라는 소리를 하게 되면 사람이 그렇게 되기 위해서 자신의 뇌가 노력한다는 사실이 만트라 원리라는 것이다.

이처럼 해병대는 자신의 힘보다 더 큰 힘을 가질 수 있는 능력을 개인과 사회에 주고 있는 것이다. 나는 해병대를 사랑한다. 내 인생이 건강해지고, 어려움이 있을 때 마다 나를 행복하게 안내해 주는 강하지만 아름답고 부드러운 해병으로 살아가게 해준 해병대에 감사드린다.

필~~승!

아버지와 이별

사람들은 세상에서 제일 존경하는 사람이 누굴까? 하면 많은 사람들은 위인전집에 나올만한 사람들을 많이 꼽는다. 하지만 나는 단연코 아버지다.

나에게 아버지란 바다 같은 존재이고, 산 같은 존재이다. 바다에서는 무궁무진한 이해와 관용과 용서를 배우게 해 주었고, 산은 큰 바람이 불어올 때 그 방향을 알려주고, 비가 오려면 안개부터 낀다고 가는 길을 알려주시는 존재라는 것이다. 그리고 사계절 모두를 보여주시는 그런 분이다.

아버지는 술과 담배 그리고 사람을 참 좋아하셨다. 아버지는 퇴근하시면서 자전거를 타고 오시거나 아니면 버스를 타고 오셔도 항상 넘어지지 않을 만큼 비틀 비틀하시면서 집으로 돌아오셨다.

그러면서 내가 아버지를 버스 종점에 마중을 나가게 되면 항상 손을 꼭 잡으시면서 '섭아~, 너는 커서 큰 인물이 되어야 한다!' 고 하시면서 기대와 희망을 주셨다. 그러면서도 밤하늘을 보면서 달과 어슴푸레한 구름, 그리고 빛나는 별을 보시면서 이태백의 시를 읊으셨다. 아마 그 당시에는 아버지께서 무언가 마음에 부담이 있으셨던 것이 아닌가 생각한다. 시청에서 승진이나, 아니면 가정 경제에 대한 부담을 가지셨던 것이 아닌가 생각한다. 그러시면서 늘 제게 하시는 말씀이 '어려울수록 형제들과 함께 서로 존경하고, 의지하면서 살아야 한다.' 는 것이었다.

우리 형제는 아들 둘, 딸 넷이다. 아마도 아버지가 외동이다보니, 아들로서 둘째아들인 저에게는 아버지의 사랑이 유독 많았던 것 같았다. 상섭(尙燮)이라는 내 이름도 형은 종손이기 때문에 할아버지께서 작명해 주셨고, 나는 아버지가 너무 기쁜 나머지 尙(상)자는 돌림자로 하고, 燮(섭)자는 그 당시의 아버지 친구 분이 국회의원이셨는데 이름이 燮(섭)자로 된다고 해서 유명해 지는 사람이 되라고, 燮(섭)자로 지으셨다고 한다. 그래서 나는 지금보다 더 유명해 지려고 노력하는 것이 아닌가 웃으면서 생각해 본다. 아버지는 동지고등학교 2회 포항수산대 1회 졸업생으로 대송면에서는 엘리트에 포함되었다. 세무공무원을 하시다가, 포항시청 수산과 공무원 생활을 하셨다. 내가 중학교 다닐 때는 아버지와 항상 같이 출근하였다. 포항시청을 거쳐 포항중학교로 가기 때문에 아마 아버지와 이야기할 수 있는 시간이 많았던 것 같다. 그래서 아버지와

는 잘 통하는 것이 아니었나 생각이 된다. 하지만 술과 담배를 좋아하시고 스트레스를 많이 받다보니 늘 아버지 방에는 약병이 있었다. 위장약이 대부분인 것 같았다. 내가 대학 졸업식을 하는 날 아버지께서 큰 병을 얻으셨다. 위암, 아니 더 정확히 말하자면 식도암으로 판명이 났고, 아마 지금 생각에는 말기 암이 아닌가 생각이 든다. 승진에 관심이 없다가, 승진을 하면서, 울릉도에 발령을 받아 가시면서 업무에 부담이 많았던지, 지병이 더욱 악화되었던 것 같았다. 대학 졸업식 후 며칠 지나 온 가족이 모여 확인한 결과 위암(식도암)이 확인되고 수술을 하였다. 그리고는 내가 군에 가는 동안 요양을 할 수 있도록 집으로 돌아와 자연요법과 한방요법을 같이 병행하였다. 그 후 나는 해병대에 들어가고, 아버지께서는 지병을 계속 앓고 계시는 동안 1년을 잘 견디셨는데, 내가 상병이 되던 1987년 6월에 '아버지 위독' 이라는 전보를 받고 외출을 나왔다. 아버지의 모습은 큰 키에 몸매는 없어지고 뼈만 앙상하였다. 얼마나 마음이 아픈지, 난 아버지를 보는 순간 눈물을 참지 못했다. 아버지는 괜찮다 하시면서 '난 살 수 있을 거야' 하고 말씀 하셨지만, '얼마나 살고 싶었을까?' 하는 생각이 들어 내 마음을 더욱 아프게 했다. 그날 밤새 내 품에서 토하시면서 살고 싶다고 말씀하시는 모습에 내 마음은 더 무너졌다. '너를 제대시키고 장가가는 모습을 보고 싶은데?' 하시는 말씀에 '예! 건강관리 잘하시면 볼 수 있을 겁니다. 내일 부대 들어갔다가 제대 할 때까지 건강하세요.' 하고 꼬박 밤을 새워 간병을 했다. 부대에 귀대하자마자 집에서 전화가 왔다. 아버지가 돌아가셨다고. 하늘이 무너져 내려 앉았다.

아~ 아버지!

이제 아버지의 마음을 알 것 같다. 난 아버지의 사랑을 실천하며 살고 있다. 우리 아이들에게 아버지에게 배운 사랑을 듬뿍 주고 있다. 나는 아버지를 사랑하고 존경한다. 그리고 우리 아이들도 사랑한다. 세상에서 제일 존경하는 사람이 누구냐라고 누군가 물을 때 아이들이 '아버지입니다.' 라고 대답할 정도로 사랑할 것이다.

우리는 세상에 남의 자식으로 태어나서 결혼 해 자녀를 낳았고, 그 자녀들이 행복하게 살아가게 하기 위해서는 가시고기처럼 아이들을 위해 최선을 다 해야 할 것이다. 그리고 최선을 다해 아이들에게 사랑을 주는 여러분의 모습을 보고 아이들은 가정이나 사회에서 반드시 실천 할 것이다. 혹은 아이들이 어른이 되면 여러분이 해 준 것처럼 또 실천 할 것이다. 이렇게 되면 세상은 얼마나 아름다워 지겠는가?

여러분 사랑하십시오. 가장 가까이 있는 여러분의 가족을 사랑하십시오.

그러면 행복이 반드시 여러분 곁에 올 것입니다

커뮤니케이션과 리더십 학교

새해의 화두는 단연 '소통'이다. 맞는 말이다. 사람과 사람과의 관계에서는 내가 이야기를 먼저 들어주고, 그 다음 내가 말하면 되는 것이다. 내가 계속 들어주면 상대방은 내가 말할 수 있는 기회를 준다. 그러면, 그 단계에서 서로 대화를 주고받으면서 서로의 입장을 제시할 수 있다. 대화를 할 때도 내 입장을 지나치게 고수하게 되면 그 것은 소통을 할 수 있는 자세를 가지지 않았다는 결론을 내릴 수 있다.

나는 해병대를 제대할 무렵 ROTC와 학사장교의 6월 30일 제대자들과 입사시험을 같이 치렀다. 나도 대학교를 졸업하고 군에 갔기 때문에 기회를 같이 갖게 되었던 것이다. 우선 교사 임용고사는 시간이 조금 남아있고, 제대를 하면서 취업할 수 있는 곳에 지원서를 넣었는데, 그 당시 대한교육보험(현, 교보생명)에 대졸 공채 1기로 입사하게 되었다. 그 당시 삼양사 등 몇 개의 회사가 있었는데, 아무래도 사범대 졸업생이기 때문에 교육과 관련된 것으로 착각한 대한교육보험에 입사하게 된 것이다. 면접과정에서 알았지만 교육과 관련된 것이 아닌 순수 보험회사라는 이름을 듣고 많은 고민을 했다. 그래도 내 능력으로 입사를 했고, 해병대정신으로 하면 안 될 것이 없다고 생각한 끝에 입사를 하게 되었다. 난 회사 생활을 하면서 여러 가지 일들이 많이 있었지만, 그 중에서 낯선 사람들과 대화한다는 것이 나에게는 참 묘한 매력을 가지게 했고, 이때 배운 커뮤니케이션 실력이 지금의 나를 있게 했다. 또한 영업소장의 능력을 발휘해서 많은 대중 앞에서 강의를 하게 한 것도 보험회사에서의

경험이라고 생각한다.

영업소장이 소통이라는 단어를 모르면, 결국 그 영업소는 문을 닫게 된다. 그러면 정치는 어떠한가? 권모술수가 아니고, 국민의 아픈 마음을 읽어 낼 줄 알아야 한다. 그러면 가정은 어떠한가? 부모와 자식 간의 소통이 되지 않으면, 결국 가정이 무너질 수밖에 없지 않은가? 이제 내 이야기도 중요하지만 상대의 이야기도 중요한 만큼 마음의 문을 열고 대화를 할 수 있는 능력을 만들어 보자.

아버지와 분필통

우리는 가끔 아이들에게 질문을 이렇게 한다!

'세상에서 가장 존경하는 사람이 누구냐?' 라고

어떤 아이들은 이순신, 세종대왕, 대통령 중 누구 등등이 될 것이다.

하지만, 나는 그 대답에 세상에서 가장 존경하는 분은 바로 돌아가신 아버지를 제일 먼저 꼽는다.

지금 나에게는 자랑스럽고, 사랑스러운 두 아들이 있다.

나는 우리 아이들을 무척 사랑한다. 내가 이렇게 아이들을 사랑하는 것도, 모두 아버지의 넓은 사랑의 결과이다. 또한 나는 아버지로부터 삶을 살아가는 방법과 남들과 함께 살아가는 방법, 남에게 나를 알리는 방법 등 세상을 살아갈 수 있도록 힘을 가르쳐 주셨으며, 또한 나에게 큰 희망을 주신분이다.

그 중에 내가 가장 소중하고 아끼는 것은 아버님께서 물려주신 세상 살아가는 법과 말단 수산직 공무원에서 계장으로 진급하셔서, 울릉군청으로 전근 가셨다가 저에게 주신 마지막 선물이 된 분필통!

집안 대를 이어 공무원이 되신 아버지와 형님, 하지만 저에게는 공무원의 길보다는 사도(師徒)의 길을 가라고 하시면서 향나무 분필통과 서예도구함을 선물 하셨다.

울릉도에 가시면서 지병을 가지고 들어가셨지만, 사랑하는 둘째 아들을 위해 손수 제작하셨다며 선물을 주셨다.

아마도 아버지께서는 둘째 아들이 교사가 되길 부적 원하셨던 것 같다.

하지만 아버지의 향기가 가득히 묻어있는 분필통은 아버지의 소원과 같이 교사의 분필통이 되지 못하였다. 내가 해병대를 제대하기 전에 아버지께서 위암으로 돌아가셨고, 그 후 나의 길은 일반 보험회사에 소장으로 취업을 해버렸으니.

하지만 취업 후 5년 만에 아버지의 소원이신 교사라는 직분을 포항영신고등학교에서 시작하게 되었다.

먼지가 가득한 분필통을 털며 아버지께서 물려주신 가장 큰 유산 중에 하나가 '분필통' 이 아닌가 생각을 해본다.

어느 덧 교직에 들어온 지 22년이 흘러 지금은 고려대학교 교육대학원에서 석사를 마치고, 박사학위를 취득한 후 고려대학교 겸임교수, 고려대학교 행동과학연구소 선임연구원, 경북교육연구소 이사장 등으로 왕성한 활동을 하고 있다.

이러한 모든 열정이 바로 아버지의 크신 사랑인 분필통이 나를 변화 시킨 것이라 생각된다.

가끔 정신이 없을 때면 아버지가 주신 분필통을 꼭 껴안아 본다.

그리고 아버지가 물려주신 정신을 한 번 더 되새기며 좋은 교사, 존경받는 교사가 되기를 기도한다.

2막 열매

결혼과 행복한 가정만들기 / 안암동 신고식 / 천마인 / 고려대학교 교수 / 행복 멘토 안 박사 / 기획, 교육, 상담전문가 / 경북교육연구소 출발 / 긍정의 말이 기적을 낳는다 / 스마트폰 중독 예방과 치료 보고회 / 수학 만들기

결혼과 행복한 가정 만들기

드디어 가족을 만들었다.

90년이 되면서 내가 세상에서 제일 사랑하고 귀여운 아내를 만나 결혼을 했다. 전라도 여자와 경상도 남자가 만나 영호남의 지역감정과 소통의 리더가 되겠다고 다짐한 것은 아니지만 자연스럽게 가정을 꾸렸다. 물론 결혼 초기에는 문화차이가 다소 있었지만 사랑하는 마음으로 모두 극복되었다.

우리 사이에 사랑하는 아들이 둘 태어났다. 큰 아이는 중돈, 작은 아이는 중언, 모두들 각자 자신의 일에 최선을 다하는 아이들이다. 나와 아내는 아이들에 대한 양육 태도는 최선을 다하는 것이다. 가시고기와 같은 마음으로 아이들을 키웠다.

물론 성장과정에서 지나치게 공부에 의존하는 모습은 지금에 와서야 조금 후회스럽기는 하지만 바른 인성으로 자란 아들들을 보면 정말 대견하다.

난 나 자신보다 먼저 아내에게 감사한다.

나는 무엇이든지 내가 하고 싶은 일이 있으면 실천하는 습관이 있다. 결혼 후 대학원 석사, 그것도 서울에 있는 고려대학교에서 공부를 하게 해 주고, 그것도 부족해서 박사학위까지 할 수 있게 도와준 아내에게 감사한다.

그리고 자신의 승진문제, 즉 자신의 능력으로 충분히 교감을 할 수 있는 기회가 있었음에도 불구하고, 아이들의 교육 문제 때문에 포기와 양보를 해 준 아내에게 더욱 미안하고 감사드린다.

아이들을 키운다는 것은 참으로 힘든 일이다. 아이들을 키울 때 부모의 마음대로 키울 수 있다면 정말 좋은 일이다. 하지만 아이들은 제각각의 성격을 가지고 있다.

난 지금 생각한다. 아이들을 많이 놀리면서 키워야한다고. 하지만 조금 아쉬움이 있다면 나는 아이들을 많이 놀리지 못한 부분이 미안하고 아쉽다. 좋은 성적, 좋은 대학을 추구하면서 학교에서 최고로 키우기 위해 너무 공부를 많이 강요했던 것은 아닌지 고민해 본다. 내가 교육해 본 결과 아이들은 추억을 많이 만들고 부모와 밥상머리에서 자주 밥을 먹으면서 함께 하는 시간을 많이 가져 주는 것도 좋은 교육 방법이라 생각한다. 그렇다고 해서 우리 가속이 그렇게 못했다는 것은 아니다. 아이의 왕따 문제 때문에 흘린 눈물을 생각하면 지금도 마음이 아프다. 그 당시에 아이의 이야기를 조금만 더 들어 주었더라면 하는 생각이 후회가 된다. 아직도 친구들

의 문제에서 부분 기억 상실을 가지고 있다. 얼마나 마음 아픈 일인가? 다시 아이에 대해 교육을 한다면 과거 보다 훨씬 많이 놀려주고, 놀아주고, 여행도 가고, 여유를 가지고 공부를 할 수 있게 도와 줄 생각이다.

우리 가족은 행복하다. 서로에 대해 의지하고 뭉치고, 도와주는 부분이 세계 최고다.

항상 격려와 지지를 해 주는 가족이다. 특히 아내는 가족의 일에 무엇이든 발 벗고 나선다. 이렇게 사랑하는 마음을 교육자로서 학교에 제자들에게도 베푼다.

나는 생각한다. 내 아내 같은 교사만 학교에 있다면 정말 행복한 학교가 될 것이고, 행복한 가정을 꾸릴 수 있다고 본다.

사랑합니다. 내 아내 귀염이~

안암동 신고식

고려대학교! 얼마나 가고 싶은 대학이었던가? 고등학교 때도 고려대학교 법대가 꿈이었다. 하지만 이제야 고려대학교 교육대학원으로 입학하게 되었다. 입학하게 된 사연을 보면, 우선 학교에서 신입생 입학식만 되면 교감선생님께서 교사 소개를 한다. 한 사람 한 사람 소개하면서, 소개 카드에는 대구대 사회과 안상섭으로 소개한다. 그리고 학부모들은 대구대 출신이라고 웅성거린다. 심지어는 어떤 동료교사 조차도 학부형을 만나 대구대 출신이라고 능력을 운운했단다. 이런 소리를 듣고 가만히 있을 내가 아니다. 교감선생님에게 갔다.

다음에 소개할 때는 대구대학교 사범대학 일반사회교육과라고 소개해 달라고 했다. 그때 교감선생님이 하시는 말씀 '대구대는 전부 대구대 아닌가?' 화가 났다. 사범대학은 차이가 있다. 수준차이가 많이 있다. 3년을 그렇게 소개하였다. 난 공부를 더해서 수준을 높이겠다고 생각했다. 그래서 아내와 의논 끝에 고려대학교 교육대학원 상담심리교육과에 들어가자고 마음을 먹고 공부를 했다. 5명을 뽑는데 125명이 지원했지만 당당하게 합격을 하고 등록을 하게 되었고, 고대인이 되었다. 고대인이 되면서 내 인생이 달라졌다고 본다.

학문적, 인생의 길 모든 면에서 멘토가 되어 주셔서 대학원 박사까지 가게 해 주신 지도교수님이신 한성열 교수님을 만나게 되었고, 강의 중 첫 번 시간의 레포트, '나를 감동시켜라!' 라는 주제에서 나는 인생의 행복이 시작되었다.

내가 가지고 있는 열등의식이라고 생각했던 부분을 말끔하게 해결하고, 그 다음 부터는 내가 강의할 때, 혹은 다른 사람과 이야기할 때 내 자신을 개방할 수 있는 내공을 쌓게 해 주셨다. 이 얼마나 감사한 일인가?

그리고 내가 고려대학교에서 공부하는 방학 동안에 우리 아이들도 항상 서울에 와서 고려대학교를 보고, 아빠가 열심히 공부하는 모습을 보면서 자신들도 공부 열심히 해서 고려대학교에 입학하겠다고 다짐을 하는 모습을 보면서 고려대학교에서 공부하길 참 잘했구나 생각했다.

교육대학원
Graduate School of Education
사 범 대 학
College of Education

그리고 박사를 마친 후에도 고려대학교에서 강의를 할 수 있는 기회를 주신 부분에 대해서도 감사하게 생각하며 2008년부터 지금까지 행동과학연구소 선임연구원, 연구교수, 겸임교수를 하게 해 주신 능력도 모두 한성열 교수님의 도움이라 생각한다. 그러면서 나는 고려대학교 졸업생 보다 더 많이 고려대학교에서 근무하고 있다.

그 결과 교우회나 다른 행사에서도 큰 자부심을 가지고 일하고 있고, 고려대학교 제자들을 위해 더욱 강의와 논문심사 준비를 열심히 하고 있다. 교수님께 배운 배려심과 제자 사랑하는 마음을 앞으로 더욱더 발휘해서 고려대를 빛내기로 마음을 먹었다.

천마인

사람들은 대부분 자기와 비슷하게 생활하고, 비슷하게 생각하는 사람들과 함께 어울리기를 좋아한다. 그것이 유유상종(類類相從)이라고 했던가?

몇 몇 친구들이 나에 대한 시선을 이야기 한다. 부부교사로 그냥 살면 되지 뭐 그리 열심히 하는지? 석사만 하면 되지 뭐 하러 박사는 하는지? 등등의 이야기가 등 뒤에서 많이 들려온다. 지금에 돌아보면 어떠한가? 내가 그 사람들과 같이 공부를 하지 않았다면 지금의 나는 과연 어떤 모습일까? 상상을 해 본다.

고려대학교에서 석사를 마치고 난 후, 난 내 인생에 자신감을 가졌다. 하지만 상담에 대해서 얼마만큼 많이 알고 있다고 생각했는데 그 건 오해였다. 아~ 아직도 많이 부족했다. 그리고 솔직히 이야기 하면 석사를 마치면서 학벌에 대한 교감선생님의 따가운 시선을 벗어났으리라 보았다. 그리고 약간의 교감자리에 대한 욕심을 내기도 했다. 하지만 동료 교사 박 부장의 한 마디가 나를 완전히 실망 시켰다. "니가 교감되면 나는 사표를 내겠다!" 얼마나 건방진 말인지 정말 화가 하늘까지 치밀었다. '아~ 나는 이 학교에서 여기까지 밖에 안 되는구나!', 나는 내 진로에 대해 심각하게 고민을 하다가 바로 승진에 대한 부분을 포기했다. '그러면 내가 하고 싶은 것은 무엇일까?' 대학원 공부를 더 해서 전문가가 되어 나를 필요로 하는 곳으로 가는 것이 맞다고 생각했다. 곧 바로 박사학위 준비를 시작했다. 석사를 마치고 한 학기 고민을 하다가 영남대학교 심리학과 대학원 박사과정에 합격을 했다. 우리나라에서 건강심리학의 창시자 역할을 하신 장현갑 선생님을 학문의 스승으로 모시고 공부를 시작하였다. 그 도움에는 고려대학교 한성열 선생님의 지도가 뒤따랐고, 같이 공부하던 김 목사님도, 다른 교수님들도 반가이 맞아 주셨다. 그리고 전공을 선택하면서 곧 바로 논문 프로그램을 시작하였다. 그때 만들어진 연구소가 지금의 고려능력개발원의 역할을 하고 있다. 논문은 처음에는 리더십과 관련된 것으로 시작하였으나, 조건이 맞지 않아 스트레스대처기법인 MBSR-K로 변경시키면서 논문 프로그램이 급진전되었다. 나는 그동안 박사학위 공부를 하면서 나름 MBTI, MMPI, SCL 90 -R, NLP, 최면과 집단 상담, 이미지트레이닝, 명상 등 그야 말로 많은 경험을 할 수 있는 공부를 하였다. 지금 강의 하면서 상담하는 것들도 이 당시 공부하면서 실행해 왔던 것들이 전부라고 보면 된다. 이렇게 공부하면서 일주일에 2일 정도는 오전 수업을 마치고 대학원으로 가고, 야간까지 공부하고, 논문 프로그램을 하면서 계획대로 학위과정이 마쳐지고 있었다. 논문 작업을 할 때는 정말 고생을 많이 했다. 그 원인으로는 영남대학교 심리학과가 학부와 석사는 개설된 지 수십 년이 지났지만 아직 박사학위는 한명도 배출하지 않은 상황이어서 교수님들이 논문 수준에 대해 걱정을 많이 하고 계셨다.

그런데 나는 논문을 고려대학교 한성열 교수님과 장현갑 선생님의 공동 지도를 받고 있으면서, 안암동으로 경산으로 분주히 다니면서 지도를 받은 결과 영남대학교 심리학과 1호 박사가 된 것이다. 얼마나 감사한 일인가? 나는 고대인이 되고, 천마인이 되었다. 졸업식 날 어머니는 박사학위를 받는 아들을 보지 못한 채 갑작스럽게 돌아가셨지만 어머니 영전에 박사학위서를 보내드렸다. 그렇게 개구쟁이 아들이 학위의 최고봉인 그것도 1호 박사학위를 받았으니 나의 영광이요, 집안의 영광이 아닌가?

지금 생각 해 보면 어떤 일을 할 때는 여러 가지 방향을 제시하고 그 방향 중에 자신에게 적합한 것을 선택해 보면 성공의 길이 열린다고 할 수 있을 것이다. 오직 한 방향을 가는 것 보다는, 나 자신이 나름대로의 능력을 갖추고 난 후, 다른 길을 찾아 가보는 것도 좋은 진로라고 생각한다.

그리고 내가 교감이 되면 사표를 낸다고 하는 그 좁은 소견을 가진 사고를 가지고 학생들을 가르친다는 것도 문제가 있는 사고를 가진 교사가 아닌가 생각한다. 적어도 교사라고 한다면 모든 것을 포용하고 넓은 아량을 가진 교사가 되어야만 아이들에게 희망과 미래를 열어 줄 수 있는 교사가 될 수 있을 것이다.

돌이켜 보면, 그때 그 한마디가 나를 자극시켜 지금의 나를 만들었기 때문에 모든 것에 감사할 뿐이다.

고려대학교 교수

설날 아침에 전화가 한 통 왔다. 우리의 영원한 스승님, 나의 영원한 멘토이신 한 교수님이다. 우선 설 안부와 내가 활동하고 있는 내용에 대해서 안부를 물으시곤 곧바로 겸임교수에 필요한 자료를 제출하라고 하시는 것이었다.

나는 2009년부터 2013년 2월까지 고려대학교 겸임교수를 하고 있었다. 그러면서 행동과학연구소 연구교수와 선임연구원도 같이 병행하고 있었다. 그런데 4년 겸임교수를 하고 2013년3월부터는 1년간 쉬면서 행동과학연구소 선임연구원만 하고 있었다.

아~ 민족 고대 교수!

교사의 길과 교수의 길은 가르치는 것은 같다. 교사는 초, 중, 고

학생을 가르치고, 교수는 대학생, 대학원생을 가르친다. 나는 고등학생을 가르치다가 대학원에서 석사와 박사를 마치면서 대학생과 대학원생을 가르치는 겸임교수가 된 것이다. 처음에서 한동대학교, 영남대학교, 대구사이버대학교, 위덕대학교 등에서 대학생들을 대상으로 강의를 시작했다. 그 후에 박사학위를 취득하고, 고려대학교 행동과학연구소에서 연구교수를 시작으로 선임연구원과 겸임교수를 하게 되었다.

민족의 고대에서 겸임교수를 한다는 것은 나에게 무한한 영광이다. 물론 전임교수도 있지만, 나는 직업을 가지고 있는 사람으로서, 내 일을 하면서 교수를 할 수 있다는 것이 얼마나 영광인지 모른다. 그것도 일반대학이 아닌 고려대학교 강단에 선다는 것이 정말 대단한 것이다. 강의 대상자는 목사님, 신부님, 교사, 경찰, 상담원들로서 다양한 사람들이 포진된 상담심리학과에서 강의한다는 것이 더욱더 자랑스럽다. 나도 다양한 경험을 하면서 공부를 했지만, 대학원생들도 다양한 직업을 가지면서 동문의식과 함께, 다양한 경험을 여러 가지로 표현하는 집단상담을 시작할 때면, 더욱더 똘똘 뭉쳐진 고상인이라는 패밀리 의식이 더욱더 나를 행복하게 한다. 이렇게 배운 나는 제자들을 위해 학교를 위해 무엇이든 전부 해 주고 싶다. 내가 이렇게 활동하고 있는 능력을 준 것도 고려대학교 고상인이었기 때문에 가능했으리라 믿는다. 다양한 직업을 가졌으면서도 상담심리교육분야에서는 대한민국의 최고를 자

랑하는 고려대학교 교육대학원 상담심리교육학과!

동문들 중에는 추기경님과 교수, 시장, 구청장, 교사, 상담원 등 다양한 직업을 가진 사람들로 구성된 학과에서 교수를 한다는 것이 더욱 감사하다.

상담심리공부를 하고 싶은 사람들에게 권하고 싶다.

상담은 자신의 마음을 제일 먼저 치유하는 것이라고, 나는 상담심리공부를 하면서 느낀 것이 나 자신을 사랑하고, 나 자신을 알았다는 것이다.

나는 교수로서 첫 번째 강의 할 때, 지금도 제일 먼저 '자신에게 정확 하라!', '자신을 속이지 말고 자기 자신에게 정확한 후' , 다른 사람들을 위해서 일하면 지금보다 더욱더 행복해 질 수 있다는 사실을 말하고 싶다.

행복 멘토 안 박사

여러분! 지금 행복하십니까?

나는 강의를 하기 전에 반드시 이렇게 질문한다. 그러면 많은 사람들은 "예!"라고 답한다. 하지만 고민을 하고 있는 사람도 있다. 그들에게는 내가 행복한지? 아니면 불행한지? 고민을 해 본 적이 없을 수도 있고, 과연 나는 행복할까? 아니면 나는 불행하다!. 하지만 다른 사람들이 있는데 손을 들 수도 없고, 말 할 수도 없다.

언제 부턴가 나는 내 스스로 행복 멘토라는 단어를 사용하기 시작했다.

왜 일까?

강의를 하든지, 상담을 하든지, 스스로 행복하다고 생각하면서 해야 된다. 불행한 사람이 강의를 하면 그 강의를 듣는 사람 모두가 불행해진다. 불행한 사람이 상담을 하게 되면, 상담 받는 내담자 대부분이 불행해진다. 왜? 강의하는 사람의 말에서, 행동에서, 상담하는 사람의 말과 행동에서 이미 나타난다.

그러면 어떻게 하면 좋을까?

스스로 행복하다는 말을 하면서 자신을 행복하게 만드는 방법이 제일이다.

'나는 행복한 사람이다!'

'내가 행복해야 미래가 행복하다!'

'내가 행복해야 가정이 행복하다!'

'내가 행복해야 직장이 행복하다!' 라고 수십 번, 아니 수백 번, 수천 번을 외치라고 주문을 한다. 그러면 반드시 행복해질 것이라고 믿는다. 아니 믿어라. 정말 행복해질 것이다.

이렇게 나는 강의 시작 전에 수강자들에게 주문을 한다. 그러면 강의 분위기는 어떨까? 여러분의 상상에 맡긴다.

행복 멘토 안 박사!

남을 행복하게 하기 위해 나부터 행복해야 한다는 신조, 그러기 위해서는 열심히 자기 개방을 해야 한다. 자신을 속이지 않아야 한다는 말이다. 자신에게 정확하고 다른 사람과 이야기할 때 자신의 주장을 지나치게 강요하지 말고, 많이 들어주는 입장을 취하게 되면, 주변에서 사람이 모이게 되고, 그러면 나도 행복해지고, 모두 행복해질 것이다. 우선 자꾸 행복하다고 수시로 되 뇌이기를 바란다.

나는 사진도 아름답게 만들고 싶다. 지금 보다 훨씬 아름답게 만들고 싶다. 남을 위해서가 아니라 자신에게 자신감을 주고 싶기 때문이다.

그리고 내가 행복해지면, 가정에서 행복감이 오고, 직장에서 오고, 나라가 행복해진다는 사실을 명심하자.

불행한 사람들의 대부분은 자신을 사랑하지 않기 때문이다. 세상의 중심에는 항상 자기가 있어야 한다. 고등학교 윤리시간에 배웠듯이 자아가 확립이 되어야 행복해진다는 이야기와 동일한 말이다. 심리학에서는 자기중심에 고집이 아니고, 자신을 사랑하고, 남을 사랑하는 것을 헌신이라고 한다. 종교에서는 조금 다르지만, 세상에서는 우선 자신을 사랑하는 마음을 절대 놓지 말고 자신을 사랑하라. 그러면 여러분은 반드시 행복해질 것이다. 누구를 위해서, 누구를 위해서 말하지 말라, 누구를 위하기 전에 그 행동은 자신을 위해서 하는 것이다. 그것에 만족하면 행복해질 것이고, 만족하지 못하면 불행해질 것이다. 아니다 만족하지 못해도 행복해지려면 기다려라. 또 기회가 온다. 우리는 기다림을 싫어한다. 끝까지 기도하면서 기다려 보자. 그러면 행복해질 것이다.

행복멘토
안박사
"행복한 교육,
행복한 미래"

기획, 교육, 상담전문가

다른 사람들은 나를 부를 때 어떻게 부를까?

흔히 안 교수, 안 원장, 안 이사장, 안 선생님으로 부른다. 왜 이렇게 부를까?

그렇다! 나는 고려대학교 교수다, 그리고 교육을 진행하고, 기획하는 고려능력개발원 원장이다, 또 청소년, 학부모, 교사들을 대상으로 강의를 하는 경북교육연구소 이사장이다, 그리고 고등학교 교사였기 때문에 제자들과 학부모, 동료교사들에게는 안 선생님, 혹은 안 선생으로 통한다.

나는 1년에 수백 회, 아니 수천 회 정도 대중 강의를 하기도 한다. 많게는 3,000여 명, 적게는 수십 명을 대상으로 강의를 한다.

물론 강의를 듣는 사람의 부류는 다양하다. 교사, 학부모, 기업체 근로자, 임원, 장학사, 교감 및 교장 연수자, 공무원, 사회복지사, 어머니 같은 분들, 정말 다양하다.

그들을 만나 강의를 할 때면 나는 힘이 솟는다. 그게 나의 에너지인가 보다. 출강을 하려면 경상북도 23개 시?군과 전라도 광양 등 전국적으로 강의를 다닌다. 얼마나 신나는 일인가? 그리고 기업체나 관공서와 같은 곳에서 기획전문가로서, 맞춤형 기획프로그램을 만들기도 한다.

청도군, 영덕군, 울진군, 봉화군, 경주시, 경상북도, 경상북도 의회, 포스코, 포스코켐텍, 포스코 엠텍, 포스코 ict 등 기업과 관공서에서 많은 자료를 요청한다. 그러면 프로그램을 기획하고 만들어 프로그램 전체를 진행하기도 하고, 상담도 하고 피드백을 하기도 한다. 이러한 강의를 통해 만난 사람들과 커뮤니티를 하면서 더욱 더 심층적으로 자녀상담, 가족상담, 회사 내 고충상담등과 회사와 관공서의 기획을 연구하기도 하였다.

각종 프로그램 중에 많은 비중을 차지하는 것이 행복한 가정과 직장 만들기 프로그램이다. 최근의 연수 프로그램은 휴(休) 프로그램으로 어떻게 하면 잘 쉴 수 있을까를 연구하는 휴가 프로그램으로 마음챙김명상과 영화심리치료를 병행하면서 실시하는 프로그램이다. 그리고 산행명상, 소리명상 프로그램을 많이 선호하고 있다. 이러한 프로그램도 기획과 제작, 진행하면서 학생들 혹은 학부모들의 대인관계 개선 프로그램으로 병행하기도 한다.

뉴로하모니를 가지고 각종 스트레스 대처 프로그램을 실시하다.

경북교육연구소 출발

박사학위 논문 준비를 시작으로 한 고려능력개발원이 벌써 수년이 되고, 사회공헌적인 역할을 하는 사단법인 경북교육연구소를 만들게 되었다. 지역 청소년의 학교폭력과 자살예방, 그리고 왕따와 같은 것을 예방하고 치료하고, 다문화가정의 청소년이 행복하게 학교생활을 할 수 있도록 자녀교육 및 부모교육도 아울러 진행하고 있다.

2012년에 준비하여 2013년 6월에 설립 허가를 맡아 지금까지 많은 프로그램을 진행하고 있다. 100여 명으로 출발한 회원은 1,000여 명의 회원으로 확대되었고, 지속적으로 회원 확장과 학생들을 위한 전문가 교육을 실시하고 있으며, 경북도내 각종 사회복지기관, 사회복지사협회 등과 MOU를 체결하여 상호 재능기부를 통해 행복하게 사회생활을 할 수 있도록 돕는데 열심히 노력하고 있다.

회원은 전문가와 비전문가로 구분되어 있고, 최근에는 학부모와 학생들도 가입을 많이 하고 있는 상태다.

최근 실적으로 2013년에는 고려대학교 한성열 교수님을 모시고 학교폭력예방을 위한 상담기법이란 주제로 포항문화예술회관 소강당에서 강의를 실시하였으며, 12월 11일에는 경북지역 청소년들과 학부모들의 스마트폰 중독에 관한 보고서를 발표하여 전국의 많은 관심을 가졌다. 2014년 1월에는 스마트폰 중독과 관련된 치료를 위한 소송 준비의 서명운동도 시작했다.

아울러 1월 20일에는 경북지역청소년들이 수학이 인생에 미치는 영향에 대한 보고서를 만들어 발표하기도 했다.

이와 같이 경북교육연구소는 비록 역사는 짧지만 학생과 학부모, 그리고 교사들과 관련되어 문제가 되는 부분을 연구하여 보다 더 행복한 학교생활과 가정생활을 할 수 있도록 도울 예정이다.

2월 중 계획으로는 전국적으로 문제가 되고 있는 강제자율학습 폐지 문제를 공식적으로 조사하여 발표할 예정이다. 자율학습을 하는 것은 얼마든지 가능하다. 하지만 강제적으로 학교에 일률적으로 잡아놓고 공부시키는 것은 비효율적이라고 본다.

학부모들과 학생들, 그리고 교사들이 얼마나 찬성하고 반대하는지를 조사해 본 결과로 그 대책을 수립할 예정이다.

그리고 추후의 계획은 여러 가지가 있지만, 포항지역의 평준화 문제를 짚어볼 생각이다. 포항지역의 평준화는 성공적인지, 아니면 실패적인지 조사해 보고, 문제가 있다면 그 보완책을 찾아 볼 생각이다.

이처럼 아이들이 행복하고 학부모가 행복하면, 지역사회는 저절로 행복해진다고 본다.

모두가 행복해지는 그날까지 최선을 다해 경북교육연구소는 활동할 것이다.

긍정의 말이 기적을 낳는다

1) 말은 사람의 뇌를 변화시킨다!

'말이 사람의 뇌를 변화시킨다.'

우리 선조들은 '말 한 마디로 천 냥 빚을 갚는다' 라고 했다. 또한 '가는 말이 고와야 오는 말이 곱다' 라는 속담에서 볼 수 있듯이 그만큼 사람의 말이 중요하다는 것이다.

인디언들은 자신의 목표를 달성하기위해 동일한 말을 3만 번 외친다고 한다. 그럼 그 효과는 무엇일까? 그 효과에 대해서는 심리학적 근거와 의학적인 근거로 증명할 수 있다. 우선 심리학적 근거에서는 NLP(Neuro Linguistic - Programming)의 원리와 Mantra 효과라고 할 수 있다. NLP는 오감의 정신적 전달 경로인 신경계에서 특정 단어를 활용하여 뇌에 반영된다는 논리다. 다시 말하면 Mantra라는 '짧은 언어로 이루어진 사물과 자연의 근본적인 진동의 소리' 의 영향과 동일하다고 할 수 있다. 예를 들면 종교에 따라서는 '아멘', '옴마니반메홈', '나무아미타불관세음보살', '옴' 등과 같은 소리를 하면 알 수 있을 것이고, 일상생활에서는 '감사', '사랑', '성공', '행복', '긍정', '건강' 과 같은 소리를 계속 외치다 보면 그 효과가 나타난다고 할 수 있다. 그리고 의학적 근거로는 이와 같은 소리를 내다보면 1차적으로 뇌의 진동현상이 나타나면서 몸 전체에 공명현상이 일어난다. 그로 인해 자율신경계가 반응하고 그 반응에서 엔돌핀, 도파민, 세로토닌과 같은 긍정물질이 증가하여 사람에게 행복한 마음과 창조적인 아이디어, 긍정적인 마인드가 만들어진다는 원리이다.

이렇게 직접적으로 본인이 체험한 결과 어떠한 긍정단어를 선택하고 말을 선택하여 '사랑합니다!' '성공하시길 기원합니다!' '행복합니다!' 등을 지속적으로 외치다 보면 심리학적, 의학적 근거에 의해 소원을 성취할 수 있을 것이다.

이와 반대로 부정적인 단어를 선택하게 되면 노르아드레날린의 증가로 심박동이 증가하고 혈압이 상승하여 체내에 독성이 발생하고 노화가 촉진되어 각종 암과 만성통증이 발생하여 결국에는 자신이 망가지고 마는 것이다.

2) 우리나라 사람들의 언어습관

평소에 우리나라 사람들의 언어 습관에 대해서 한 번 알아보기로 했다. 우리나라의 문화는 주로 한〔恨〕문화와 정〔情〕 문화로 나뉜다. 우리나라 사람들은 주로 노래라는 소리를 통해 자신의 마음을 상대방에게 전하곤 했다. 소리는 사람의 뇌를 변화시켜 나를 변화시키고 상대방을 변화시킨다. 우리가 많이 부르는 노래 중에 한〔恨〕자가 들어가는 노래를 생각해 보자. 회심곡이나, 아리랑과 같은 노래, 그리고 노래에서는 한 때 정(덧말:情)자를 빼고는 노래가 되지 않을 정도였다. 어떤 일이 벌어지면 '그놈의 정 때문에' 라고 할 정도이니 정에 울고, 정에 죽고, 정에 살고라는 노래가 어디 한두 곡인가, 그런데 이렇게 정이라는 것은 좋은 뜻인데 유독 우리나라 사람들은 죽음에 대한 두려움이 없는 것 같다. 우리나라 사람들의 죽음과 관련된 단어를 한 번 살펴보자. 우리는 너무나 쉽게 죽음을 이야기 한다. 오히려 미화하기도 한다.

'배불러 죽겠다', 배부른데 왜 죽어야 하나? 여기서 내포하고 있는 의미는 배가 불러 죽을 정도로 좋다는 이야기가 아닌가? 하지만 '죽겠다' 는 표현이 과연 좋은 것인가 생각해 볼 필요가 있다. 또, '좋아 죽겠다!', '예뻐 죽겠다', '우스워 죽겠다' 등 부정적인 언어를 습관적으로 사용하다 보니 어떤 일을 하다가 아파 죽겠다, 힘들어 죽겠다, 화가 나서 죽겠다. 너는 오늘 내 손에 죽었다 등등의 이야기를 하고 있으니 죽음에 대한 내용도 부정적 언어 습관 때문에 아무렇지도 않게 들렸던 것이다.

하지만 지금 이 순간부터 우리는 부정적 언어를 긍정적으로 변화시켜 행복한 인생을 살아갈 필요가 있다. 소리가 사람의 뇌를, 사람의 마음을, 사람의 행동을 변화시킨다고 한다. 배불러 기분이 좋다. 예뻐서 사랑스럽다, 우스워 참 행복하다, 난 당신을 정말 좋아한다 등으로 변화시키는 훈련을 할 필요가 있다.

이제부터라도 언어습관을 부정적인 단어에서 긍정적인 단어로 변화시키도록 하자.

3) 직장인이 가장 듣고 싶은 말

나는 최근까지 기업체의 근로자를 대상으로 긍정심리와 관련된 감사프로그램을 실시하였다. 많은 사람들이 교육에 참여하면서 직장에서 가장 듣고 싶은 말이 무엇인가를 조사하여 보았다.

우선, 부하직원들이 직장 상사들에게 듣고 싶은 말을 우선순위로 나열해 보자.

잘했어, 참 잘하네, 책임감이 강하네, 참 듬직 하구만, 믿을 수 있네, 당신이 최고야, 이 일은 전부 자네 덕분일세, 잘 될 거야, 당신은 할 수 있어, 업무 능력이 향상된 거 같아, 좋은 아이디어야, 오늘은 늦게까지 하지 말고 일찍 퇴근 하세요, 당신은 어디에서 근무하더라도 본인의 역할을 잘 할 사람이야, 아주 마음에 듭니다.

의 순으로 많았다. 그리고 기타 듣고 싶은 말은

계획한대로 일이 잘 진행되고 있는 것 같습니다. 고맙다, 가정, 회사 일 한다고 힘들지만, 항상 최선을 다하는 모습이 멋지다. 힘내자, 매사에 열심히 하네, 당신은 우리 부서에 꼭 필요한 사람이다, 당신은 즐거움을 선사하는 사람이다. 00씨가 있어서 분위기가 많이 밝아졌어, 인사성이 밝은 친구야, 솔선수범하는 직원이야, 잘 따라줘서 감사합니다, 든든한 지원군이 되어 주어서 감사합니다, 즐거운 하루 되세요.

등이다. 직장 생활에서 동료직원에게 가장 듣고 싶은 말을 우선순위로 나열 해보면,

정말 고마워, 난 자네가 있어 든든하다. 옆에 있어서 힘이 되네, 넌 역시 최고야. 니와 함께 있으면 기분이 좋아지네. 너와 동료라는 게 참 좋다. 당신이 내게 큰 도움이 되었어. 뭐든지 할 수 있다. 당신은 잘 해 낼 거야, 잘한다, 잘 생겼다, 예쁘다. 믿음직하다. 무슨 일 있니? 내가 도와줄까?, 좋아 보인다.

순으로 나타났다. 기타 듣고 싶은 말은

전문성이 있다, 따뜻한 관심 감사합니다, 자네에게 많이 배워, 당신은 팀의 버팀목이다, 당신 멋져!, 너의 밝은 성격과 사려 깊음이 좋다, 함께 즐거운 시간 보낼 수 있어 좋다. 편하게 내말 들어줘서

좋다 등이었다.

직장생활에서 직장상사가 부하직원들에게 가장 듣고 싶은 말을 우선순위로 나열해 보면,

존경합니다, 롤 모델입니다, 당신이 있어서 힘이 됩니다, 감사합니다, 많이 배울 수 있어서 감사합니다, 역시 ~, 믿음이 갑니다, 든든합니다, 잘 배웠습니다, 역시 선배님이십니다, 선배님 짱! 최고이십니다, 제가 해보겠습니다. 기타 듣고 싶은 말은 도와드리겠습니다, 도와주세요, 능력자예요, 전문성이 있습니다, 커피 한 잔 하시겠습니까?, 잘 알겠습니다, 좋은 생각입니다, 대단합니다, 그렇게 하겠습니다, 선배님 믿습니다, 함께 해주셔서 감사합니다, 솔선수범해주셔서 감사합니다.

등이다. 위의 글들로 봐서 우리는 직장생활에서 서로가 아주 간단한 말을 긍정적으로 하게 되면 관계는 반드시 좋아진다. 그러면 직장 내에서 커뮤니케이션이 활성화되어 기업이 원하는 긍정적인 마인드를 가지고 직장생활을 할 수가 있으며, 또한 부정적인 부분이 사라지고 저절로 업무효율성의 극대화와 창조적 아이디어가 발휘되어 더욱 발전하는 기업문화가 이루어 질 것이다.

다음은 직장인이 직장생활에서 가장 듣고 싶은 말은 나열 해

보기로 하자.

우선, 부하직원들이 직장 상사들에게 가장 듣기 싫은 말을 우선순위로 나열해 보자. 우리는 아래의 말들에 대해 혹시 나는 직장생활을 하면서 부하직원들에게 이렇게 말을 한 적이 없는지 고민을 해 보고 만약 그런 적이 있다면 반성을 하고 다른 방향으로 부하직원들에게 대화를 하는 것이 본인의 정신건강은 물론 업무의 효율성과 창의성 부분에서도 꼭 필요할 것이다.

그것밖에 못 해? 이것도 모르니? 무조건 시키는 대로 하세요, 00는 잘하는데 너는 뭐야? 하라고 한 게 언젠데 아직이야? 네가 해야지 너 말고 누가할까? 자네는 일이 별로 없는 것 같은데! 당신 없어도 회사는 돌아가! 믿을 수가 없다! 저녁 먹고 회식하자, 2차는 필참, 금요일은 회식하니까 약속잡지 말도록,

위의 예시에서는 계획에 없는 행동은 하지 말자로 해석하면 좋을 것이다. 아마도 상사의 성격유형이 인식형이기 때문에 상사가 마음대로 모든 것을 결정하는 것은 잘못이라는 이야기다. 욕설, 반말, 시킨 지가 언제인데 , 아직도 못했어? 여태 뭐했어?

그럴 줄 알았어, (시켜놓고)왜 했어?, (시킨 거 잊어버리고) 이게 뭐야? 등 수없이 많았다.

그리고 기타 듣기 싫은 말은

그렇게 하려면 집에 가라, 자네에게 맡긴 내가 잘못이야, 네 생각은 잘못된 생각이야, 내가 신입사원일 때는…, 회사 구조 및 분위기상 어쩔 수 없다, 여직원들에 대한 성희롱성 발언, 휴무 쓰는 이유가 뭔데, 출근이 늦네, 너무도 개인적인 질문, 너랑 00년간 같이 해도 그렇냐? 생각을 좀 해, 몸 아픈 게 자랑입니까? 개념이 없네, 역시 여자는 안 돼.....(여자라서 ~~~)

주말에 뭐 약속 있나? 특별한 일 없으면 출근해, 에휴…, 에고…, 너는…, 월급 받고 다니는 게 부끄럽지 않나? 이 자료 오늘까지 작성해서 보고해, 대학 때 뭐했니? 잘못된 호칭(야, 임마, 이 사람 등), 빨리빨리!!, 내 대신 시험 좀 쳐라, (무조건)하지 마, 안 돼, 너 때문에 되는 일이 없어, 모르겠다, 대충해, 그만둬라, 능력이 없으면 그만둬야지, 다 널 위해서 하는 말이야, 내가 해봤기 때문에 하는 말이야, 감사 지적 되지 않게 일 처리해!

등으로 분류 되었다.

위와 같은 말들은 부하직원들에게 마음에 상처를 많이 주는 말들이며, 자신감과 회사에서 열심히 일할 의욕을 잃게 하는 말들이다.

직장의 상사들이여!

내가 처음 신입사원으로 근무할 때 우리 상사들이 나에게 했던 말들을 생각해보고, 개구리 올챙이 시절을 생각해 보는 것도 좋을 것이다. 어린아이들이 처음 태어났을 때, 걸음마부터 시작하지 않던가? 이해하고! 또 이해해보자!

직장생활에서 동료에게 가장 듣기 싫은 말을 우선순위로 나열해 보자.

아마 동료들은 약간의 승진에 대해 약간의 경쟁의식이 있다고 보면 좋은 이야기도 많지만 오히려 나쁜 이야기도 많을 것이다. 비교 하는 말

나보다 못하네, 네가 다해, 왜 몰라? 나 지금 바빠, 네 일이나 잘해, 누가 시킨 건데, 그건 제 담당이 아닌데요, 이게 다야? 다른 사람은 뭐 하는데, 왜 나 혼자 하는데, 나는 모르겠다, 몰라, 욕, 빨리빨리 좀 해, 이것 좀 해, 잘 좀 해봐,

그리고 기타 듣기 싫은 말은

네 맘대로 해, 왜 해야 하는데, 난 00임원과 친해 그러니까 일이 쉬워(잘난척), 관심 없어, (다짜고짜)이것 좀 해 주세요, 잘하지도 못하면서, 넌 없어도 그만이야, 못 믿겠다, 그냥 위에서 하라는 대로 해라, 너는 편해 보인다, 부끄럽다, 창피하다, 동문서답, 성희롱성 발언, 가만히 있는 게 도와주는 거야, 모르면 가만히 있어라, 말도 안 되는 소리 하지 마라, 진작 좀 하지, 개념이 없다, 비아냥거리는 행동, 너 때문에 나까지 혼나잖아, 나 같으면 그러지 않아, 대충대충 하자, 한 시간만 견디면 퇴근이네, 오늘 하루도 잘 때웠다, 짜증나네, 자네 도움은 필요 없네, 까먹은 거 아니야? 월급이 아깝다, 눈감고 해도 이거보단 잘하겠다, 그건 네 사정이지, 잘 안 될걸

~, 네가 잘못했네, 네가 그렇지, 밥값이나 해라, 너나 잘해, 네가 뭔데? 등의 말을 볼 때 가슴이 먹먹해 진다.

아무리 말이라고 하지만 너무나 쉽게 내 뱉은 말을 볼 때, 말하는 나 자신은 물론이고, 동료들의 마음도 타들어 간다.

그러면 우리는 어떻게 해야 할까?

직장생활에서 상사가 부하직원들에게 가장 듣기 싫은 말을 우선순위로 나열 해 보자.

선배님은 이런 거 잘 모르시죠? 제가 왜요? 저도 지금 바쁩니다(핑계), 해준 게 뭐가 있어요, 더 이상은 못하겠습니다, 참견하지 마세요! 선배님 저 혼자 할게요, 선배님 때는 안 그러셨습니까? 제 담당이 아닌데요, 왜 저만 시키세요, 모르겠는데요, 싫은데요, 옛날이야기다, 구시대 발상이다,

그리고 기타 듣기 싫은 말은

언제 가르쳐 줬어요? 선배님이니까 양보하세요, 몸이 안 좋아서…, 아직 잘 몰라서…, 아직 안 배워서…, (다짜고짜) 이것 좀 해 주세요, (무조건)모르겠습니다, (해보지도 않고)안 됩니다, 회사가 왜 이래요? 가만히 있는 게 저 도와주시는 거예요, 월급 얼마나 받

으세요? 다음부터 잘하겠습니다, 이번 주, 다음 주 연차 써도 되죠? 선배가 해요, 배울 게 없네, 까먹었습니다, 저 때문에 그런 게 아니잖아요, 언제 휴가 가십니까? 확실하세요? 이거 맞습니까? 또 선배 사고 쳤네, 저 선배 뭐래? 우리 반도 못해, 잘났다 정말, 머리도 없나 봐, 됐습니다! 힘듭니다, 어렵습니다, 알아서 하세요.

위와 같은 말을 듣고 있는 선배의 입장을 한 번 생각해 보자.

아마도 대부분 화가 나서 말문이 막힐 것이다. 하지만 사실 이러한 내용의 말을 많이 하는 것이 우리 현실이다. 아름다운 격려의 말과 칭찬의 말을 더욱 더 많이 하면서 서로 배려하는 마음으로 살아가야 할 것이다.

4) 가정에서 가장 듣고 싶은 말

자녀들이 부모님에게 가장 듣고 싶은 말은 우선순위로 나열해 보자.

사랑해, 효자야, 너밖에 없어, 자랑스럽다, 건강하길 바란다, 고마워, 우리 아들 역시 믿음직해, 든든하다, 참 잘생겼다, 참 예쁘다, 우리 아들, 딸이 최고다,

기타 듣고 싶은 말들은

다 잘 될 거라 믿는다, 우리 아들(딸) 효자다, 부모의 마음을 이해해줘서 고마워, 부모 마음을 기쁘게 해줘서 고마워, 변치 않는 아들 마음에 고마워, 이웃 어른들을 공경하고 잘 모셔라, 어려운 이웃들을 위하여 봉사하여라.

배우자에게 가장 듣고 싶은 말을 우선순위로 나열해 보면

이 세상에서 당신이 제일 좋아! 사랑해! 우리 남편, 아내 최고, 훌륭한 남편, 훌륭한 아빠, 당신이 있어 행복해, 역시 당신이야, 아프지 말고 건강해, 다음 생에도 당신과 함께하고 싶어, 항상 고마워, 존경합니다, 당신을 믿어요, 맛있는 음식 해놓을 게요, 일찍 오세요, 즐겁게 잘 살아봅시다, 같이 놀러갑시다, 같이 여행 갑시다,

기타 듣고 싶은 말은

모든 것을 긍정적으로 생각해줘서 고마워, 나를 이해해줘서 고마워, 마음이 변치 않고 항상 그대로여서 고마워, 편식하지 않아 고마워, 인생의 동반자로 선택해줘서 고마워, 자녀들에게 참된 말을 자주 해 줘서 고마워.

이와 같이 고마운 부분이 가득한 것으로 구성이 되어있습니다. 항상 아내와 남편의 입장에서는 서로 사랑의 표현과 감사의 표현을 많이 하다보면 행복해지지 않을까 생각합니다. 특히 경상도 지

역의 문화에서는 더욱더 필요한 부분이라고 생각합니다.

부모님들이 자녀에게 가장 듣고 싶어 하는 말을 우선순위로 나열해 봅니다.

사랑해요, 우리아빠, 엄마 최고, 아빠 감사합니다, 엄마 감사합니다, 자랑스러워요, 잘할게요, 저도 아빠(엄마)처럼 되고 싶어요, 아빠 같은 남자랑 결혼할 거예요, 우리 부모님 같으신 분들이 없는 것 같아, 우리 잘 하고 있으니 걱정 하지 마세요, 항상 건강하게 지내세요, 존경합니다, 제가 하고 싶은 진로 선택의 기회를 주셔서 감사합니다, 부모님 덕분에 나는 행복합니다, 저를 바르게 키워 주셔서 감사합니다.

배우자와 자녀부분은 교육대상자와 조사대상자들이 대부분 남자 직장인과 소수의 여자직장인으로 구성되어 조사되어 남편의 입장에서 보는 부분이 많았다. 하지만 아내의 입장에서도 동일하게 적용해도 좋을 듯하다.

5) 가정에서 가장 듣고 싶지 않은 말

자녀들이 부모님으로부터 듣고 싶지 않는 말을 우선순위로 하면 다음과 같다.

이 말들은 부정적 언어로 만들어진 부분이다. 이러한 말들은 자녀들에게 상처를 주기 때문에 사용하지 않는 것이 자녀들의 미래를 위해 많은 도움을 줄 것이다.

남의 자식들 하는 것 좀 봐라, 실망이다, 너는 그것도 못 하냐, 정신 차리고 생활해라, 넌 생활력이 없어, 넌 누굴 닮아서 그러냐, 너는 그것밖에 안되니? 잘 좀 해라, 내가 너를 낳은 게 후회된다, 너 때문에 힘들다, 너는 그것 밖에 못 하냐, 지금까지 뭐 했어, 네가 그래서 안 된다, 너는 아니야, 왜 그렇게 게으름 피우니, 다른 형제들과의 비교, 공부를 그렇게 했으면 서울대 갔겠다, 뭐가 그렇게 불만이 많아, 공부는 안 하니!

등이다.

기타 듣기 싫은 말들은 다음과 같다.

살 빼, 넌 내 자식이 아니다, 내가 죽어야지, 항상 너만 생각하는 것 같다, 신중하게 생각하고 할 수 없니? 용돈 올려줘, 여러 가지 욕설, 옛날이야기 꺼낼 때, 해준 게 뭐 있어!

등이다

위와 같은 내용들이 자녀들의 마음을 얼마나 아프게 할까?

이러한 말들을 자주 듣고 자라면 자존감이 떨어져 학교폭력의 가해자나 피해자가 되어 가정은 물론, 학교와 사회에서 문제를 일으킬 수 있는 아이가 되기가 쉽다. 대부분의 학교폭력과 관련된 아이들은 부모님으로부터 부정적인 언행을 많이 받은 아이들이라는 것들을 우리 부모님들은 명심해야 할 것이다. 부드럽고 아름다운 부모의 말 한 마디가 내 자녀의 인생을 좌우한다는 것을 기억하자.

다음은 배우자에게 듣고 싶지 않은 말을 우선순위로 정리하면 다음과 같다.

언제와? 당신 만난 거 후회된다, 자긴 몰라도 돼, 경제관념이 없다, 술 끊어, 담배 끊어, 나가! 집에 들어오지 마! 집에 와서 하는 게 뭐 있어? 보기 싫어, 그만 이야기 하자. 더 할 말 없어, 남의 남편과 비교할 때, 우리 헤어지자, 돈 좀 많이 벌어 와라. 왜 당신만 월급이 적어? 청소 좀 해라, 해준 게 뭐 있어, 잘하는 게 뭐 있어, 애들 교육 좀 잘 시켜줘, 당신이나 잘 해, 늙어서 보자, 옛날 일 말할 때,

기타 듣기 싫은 말은 다음과 같다.

됐어, 처갓집 흉보는 것, 그건 당신 사정이지, 미치겠네, 사랑하지 않아, 그만둬! 당신 부모님은 이해하기 힘들어, 뭐 잘못했는데? 맨 날 힘들다고 피곤하다는 핑계, 친구밖에 모른다, 당신은 제정신이 아닌 것 같아요, 사람 볼 줄 모르네, 그럴 거면 혼자 살어, 돈 벌

면 다야? 남자가 다 하는 거야, 운동 좀 해라, 일이 우선이고 집안은 뒷전이네

등으로 조사 되었다.

다음은 자녀들에게 부모님이 듣고 싶지 않은 말을 우선순위로 하면 다음과 같다.

대화단절, 미워, 싫어, 안 해, 몰라, 되는 일이 없어, 미워, 아빠는 왜 그래, 아빠 닮기 싫어, 아빠는 그것도 몰라? 돈 좀, 아빠가 뭘 안다고, 아빠랑 같이 있기 싫어, 아빠는 재미 없어!

6) 자녀들이 부모님께 가장 듣고 싶은 말

십대들의 쪽지와 학교 학생들을 대상으로 조사한 내용을 참고로 한 자료이다.

우리나라 청소년들은 앞의 자료 조사에서 밝히고 있지만 대부분의 자녀들은 부모님으로부터 칭찬과 격려의 말을 듣고 싶어 하고 아이들은 부모님으로부터 지지와 인정을 받고 싶어 하는 연령대이다. 우리 부모님들은 이러한 자료를 활용하여 우리 아이가 더욱더 행복해 질 수 있도록 많은 사랑을 베풀어야 할 것이다.

우선 아이들이 원하는 칭찬과 격려의 말을 우선순위대로 나열해 보면

잘했다, 수고했다, 고맙다, 착하다, 최고다, 열심히 했구나, 그럼 된 거야, 난 널 믿어, 네가 자랑스럽다, 힘내라.

등이다. 그리고 아이들이 부모님에게 듣고 싶어 하는 말은 '하고 싶은 일을 하면서 놀아도 좋다' 는 것이다. 그와 관련된 말들을 우선순위로 나열해 보면

놀아라, 쉬어라, 컴퓨터 해라, 여행가자, 텔레비전 봐라, 운동해라.

등이다. 그리고 경제적인 욕구를 충족시켜주는 말로

사고 싶은 것 사 줄게, 용돈 올려주마, 가고 싶은 학원 등록해 줄게 등으로 나타났으며, 그이외의 말은 밥 먹자, 먹고 싶은 것 먹어도 된단다, 사랑해, 일찍 자라, 공부가 인생의 전부가 아니란다,

등을 가장 듣고 싶어 하는 것으로 나타났다.

우리나라 아이들은 학업에 대한 스트레스가 많다. 항상 부모는 자녀를 사랑의 말로 격려하고 칭찬하고, 사랑으로 아이를 보듬어

주어야 한다. 항상 내 기준이 아니고 자녀의 기준으로 생각을 해 볼 필요가 있다. 말을 할 때에도 아이의 입장에서 말하고, 아이의 입장에서 행동하는 것이 아이들을 행복하게 만드는 지름길이다. 아이들은 어머니의 사랑과 아버지의 넓은 마음을 먹고 자란 다는 사실을 기억하자.

7) 부모님에게 가장 많이 듣는 말

공부해라. 시험 잘 봐라, 숙제해라, 방 청소 좀 해라, 정리정돈 해라, 밥 먹어라, 컴퓨터 · 핸드폰 사용 줄여라, 이름 혹은 아들 딸 등 호칭, 일찍 일어나라, 잘했다. 사랑한다, 동생하고 사이좋게 지내라, 뭐하니? 뭐했니? 그만 놀아라, 책 좀 읽어라, 살 좀 빼라, 예의 바르게 행동해라, TV보지 마라, 말투를 고쳐라, 씻고 자라, 일찍 자라, 말 좀 들어라, 쓸데없는 소리 하지 마라.

돈 좀 아껴 써라, 주변을 잘 살피고 다녀라, 장난치지 마라, 말대답 하지 마라, 편식하지 마라, 살 빠진 것 같다, 어떤 반찬이랑 먹었니?, 빨리 들어와라, 어디니? 시끄러!, 널 믿는다. 글씨를 잘 써라, 짜증내기 말아라, 화 내지 마라, 갔다 와, 공부한 거 검사 받아라, 부지런해라, 믿는 도끼에 발등 찍혔다, 대답 잘해라, 목소리를 크게 해라, 천천히 말해라, 실망이다, 장래 희망을 생각해라, 운동해라, 커서 잘 될 거야, 그만해, 왔니?

아이들이 부모에게 많이 듣는 말은 대체로 공부와 연결된 금지와 명령의 말이나 혹은 나쁜 습관을 지적하는 것 등이 많았다. 이러한 명령 언어는 이제 권유하는 유형으로 변화하는 것도 아이들의 정서적인 발달을 위해서는 좋을 것이다. 그리고 부정적인 언어보다는 긍정적인 언어를 사용하게 되면 아이들의 마음은 지금보다 훨씬 부드러워 진다는 사실을 기억하길 바란다.

8) 감사합니다!

감사의 사전적 의미로서는 고마움을 나타내는 인사, 고맙게 여기는 마음을 나타내는 명사로 비슷한 말로는 고마움, 보답, 은공, 감격, 은혜, 사의, 치사, 사은을 들 수 있다.

감사는 동서양을 막론하고 모든 문화권에서 도덕이자 종교적인 덕목으로 권장되어왔으며 최근에는 긍정심리학 분야에서 인간이 가진 긍정적인 심리적 특성의 하나로 관심과 조명을 받고 있다.

최근에는 개그콘서트에서도 '감사합니다!' 코너가 있을 정도이고, 지금도 전국 각지에서는 감사와 관련된 열풍이 불고 있다.

결국 감사는 자신을 감사의 마인드를 갖게 하는 긍정심리학인 것이다.

우리가 감사함으로써 나를 변화시켜 내가 행복해지고, 가정이 행복해지고, 직장이 행복해지고, 사회가 행복해지는 메커니즘을 만들 수 있는 것이다.

① 가정에서의 행복한 긍정언어

- 고마워!
- 자기야 고마워
- 감사하게 생각하자.
- 맛있게 잘 먹었습니다.
- 역시 내 마누라야.
- 이렇게 살아있게 해 주셔서 감사합니다.
- 항상 곁에서 지켜주는 당신 고맙고 감사합니다.
- 당신의 따뜻한 보살핌에 감사합니다.
- 세상에 태어나게 해 주셔서 정말 고맙습니다.
- 차를 태워 주셔서 감사합니다.
- 항상 가족 건강을 위해 맛있는 음식을 만들어 주셔서 감사합니다.
- 지금 내 옆에 있어서줘서 고마워.
- 매일매일 즐거운 삶을 살게 해주셔서 감사합니다.
- 아직까지 큰 사고 나지 않아서 감사합니다.
- 출근할 때 아침 먹을 수 있게 해준 아내에게 감사하다.
- 꼴통아들 인간되어서 감사하다.
- 당신! 부족한 날 믿어줘서 감사합니다.
- 지금까지 예쁘게 커줘서 감사해
- 오늘이 있어 감사합니다.
- 태어남에 감사합니다.

- 건강한 심신을 유지해주어 감사합니다.
- 애들 잘 키워주어 감사합니다.
- 퇴근하면서 웃으면서 잘 다녀왔어요? 하는 당신 감사합니다.
- 편안히 쉴 수 있는 집이 있어 감사합니다.
- 아버지 당신이 나의 길잡이가 되어 주셔서 감사합니다.

② 직장에서의 행복한 긍정언어

- 여러분 ! 땡큐!
- 모든 것에 감사합니다!
- 넌 우리의 구세주야!
- 경청해 주셔서 감사합니다.
- 월급 올려 주셔서 감사합니다.
- 즐거운 하루되어 감사합니다.
- 웃음으로 응대해 주셔서 감사합니다.
- 오늘 저한테 많이 베풀어 주셔서 감사합니다.
- 궂은 일을 마다 않고 기꺼이 해 주신 당신께 감사합니다.
- 바쁘신 데도 저를 대신하여 대신 근무해 주신 데 대해 감사합니다.
- 함께 교육을 받은 동기들에게 감사드립니다.
- 감사합니다, 고맙습니다!
- 큰 도움이 되어주셔서 감사합니다.
- 든든한 지원군이 되어주셔서 감사합니다.

- 당신의 따뜻한 말씀 진심으로 감사드립니다.
- 전화 주셔서 감사합니다.
- 멋있는 아이디어 감사합니다.
- 긍정적으로 답해줘서 감사합니다.
- 많은 관심에 감사드립니다.
- 참여해 줘서 고맙습니다.
- 용기를 주셔서 감사합니다.
- 오늘도 문자 보내주어 감사합니다.
- 감사리더 교육 땡큐
- 출근하여 서로 인사하는 직원들 매우 감사하고 즐겁습니다.
- 산행을 하면서 이야기를 주고받는 동료 감사합니다.
- 암벽을 하면서 당겨주는 후배님 감사합니다.
- 이러한 글을 쓸 수 있게 해 주심에 감사합니다.

③ 학교에서의 행복한 긍정언어

- 친구야 도와 줘서 감사해!
- 모르는 것을 알게 해 주셔서 감사합니다.
- 오늘도 좋은 말씀 주셔서 감사합니다.
- 아침 강의 준비를 잘 해 주셔서 감사합니다.
- 양보해 주셔서 감사합니다.

9) 고맙습니다!

'고맙다!', '고맙습니다!', '고마워요!' 라는 말은 '감사합니다' 라는 말과 같이 사용되기도 한다. 우리가 일상생활에서 사용하는 말로서 오히려 '감사합니다!' 라는 말보다 더 한국적으로 느껴지기도 한다. 때에 따라서는 감사한 일을 표현할 때 '고맙다' 라고 표현하기 때문에 감사와 고맙다 라는 것은 사람의 마음을 긍정적으로 변화시키기 좋은 단어라고 생각한다. 하루에도 수십 번 고맙고, 감사한 일을 만들어 보면 분명히 지금보다 더 행복해 질 것이다.

① 가정에서의 행복한 긍정언어

- 고마워!
- 자기야 고마워
- 맛있게 잘 먹어 주셔서 고마워요.
- 항상 곁에서 지켜주는 당신 고맙고 사랑합니다.
- 세상에 태어나게 해 주셔서 정말 고맙습니다.
- 아들아 훌륭하게 잘 자라 줘서 고맙다.
- 항상 가족 건강을 위해 맛있는 음식을 만들어 주어 고마워요.
- 지금 내 옆에 있어서줘서 고마워.
- 00 씨! 고마워!
- 만나줘서 고맙습니다.
- 아빠 널 믿어! 고마워!.
- 당신이 날 믿어줘서 고맙다.
- 건강한 심신을 유지해주어 고마워

- 애들 잘 키워주어 고마워
- 공기 물 등 온 우주의 고마움
- 나의 품에 안겨 자는 우리 딸 사랑스럽고 고맙다.

② 직장에서의 행복한 긍정언어

- 땡큐!
- 고마워!
- 도와줘서 고마워!
- 월급 올려 주셔서 고맙습니다.
- 즐거운 하루되어 고맙습니다.
- 궂은 일을 당신이 해주셔서 고맙습니다.
- 대신 근무해주셔서 고맙습니다.
- 긍정적으로 답해줘서 고마워
- 참여해 줘서 고맙습니다.

③ 학교에서의 행복한 긍정언어

- 도와줘서 고마워!
- 오늘도 좋은 말씀 고맙습니다.
- 아침 강의 준비를 잘 해 주셔서 고맙습니다.
- 양보해 주셔서 고맙습니다.
- 친구야! 나의 어려운 문제를 해결 해주어 참 고맙다.
- 선생님의 가르침에 감사하고 고맙게 생각합니다.

스마트폰 중독 예방과 치료 보고회

우리나라 초 · 중 · 고생 10명 중 7명이 스마트폰을 가지고 있는 것으로 나타났다. 이중 초등학생은 2명 중 1명이 스마트폰을 사용하고 있다. 교육부는 전국 1만 1천 410개 초 · 중 · 고학생 628만 2천 775명의 스마트 기기 보유 현황을 전수 조사한 결과 7월 1일 현재 초 · 중 · 고생의 69.1%인 434만 734명이 스마트폰(태블릿 PC 포함)을 보유하고 있었다고 28일 발표했다.

이처럼 중고생은 물론은 초등학생에게도 스마트폰은 거의 필수품으로 자리잡아가고 있는 현실이다. 문제는 스마트폰 사용으로 인한 해악이다. 스마트폰은 특히 중독에 빠지기 쉽고, 그로 인해 심신건강에 미치는 해악이 심각하다. 스마트폰 사용이 보편화되고 일상화 될수록 중독에 따른 폐해도 커지기 때문에 각별한 주의와 대책이 절실하나, 아직 스마트폰 중독 예방을 위한 체계적인 대책이 이뤄 지지 않고 있다. 본연구소에서는 이러한 문제를 해결하기 위해 다음과 같이 조사해 보았다.

지난 2013년 12월11일 경북도내 23개 시 · 군 청소년 861명과 성인 306명 등 1,167명을 대상으로 스마트 폰 중독 실태를 조사에 따르면 경북도내 초중고교생의 13.6%, 성인의 경우 12.7%가 스마트폰에 중독 증상을 보인 것으로 나타났다.

특히 청소년의 경우 초등학생은 고위험군(1.11%), 잠재적 위험군(2.22%), 과몰입군(2.22%)으로 나타났고 중학생은 고위험군(2.37%), 잠재적 위험군(3.55%), 과몰입군(5.92%)이었으며 고등학생은 고위험군(3.10%),잠재적 위험군(4.30%), 과몰입군(9.55%)으로 조사돼 학년이 높아지면서 중독 비율도 높아지는 것으로 분석됐다.

본 연구소는 '스마트폰 중독의 예방과 치료를 위한 수익자부담에 관한 입법 및 소송을 위한 100만인 서명운동' 에 나섰다.

본 연구소는 동월 26일(목) 오전 11시부터 1시간 동안 포항시 북구 신흥동 북포항우체국 앞에서 서명운동을 갖고 '수익자부담에 관한 입법 및 소송' 을 위한 본격적인 활동에 들어갔으며 포항에서 서명운동을 시작으로 경북도내 경주, 영천, 경산 등23개 시군으로 확대하여 지속적으로 서명을 받고 있는 상황이다.

이와 함께 본 연구소는 한국스카우트 경북연맹 포항북지구연합

회, 국민행동운동본부 포항시협의회, 포항시사회복지사협회 등과 수익자인 국내외 스마트폰 제조사 및 이동통신사 등을 상대로 소송을 진행키로 했다.

또한 스마트폰 중독을 예방하고 치료하는데 필요한 비용을 수익자가 부담토록 하는 입법도 동시에 추진할 예정이다.

뿐만 아니라 스마트폰 중독으로 피해를 입은 학생 및 성인 등을 대상으로 피해사례를 접수받고 상담, 치료를 병행하기로 했다.

본 연구소의 계획은 스마트 폰 피해 당사자는 물론 그 가족들까지 소송의 주체로 참여시킬 계획이다.

현재 도박, 알코올 등은 수익자가 비용을 들여 치료와 상담을 하도록 법으로 규정하고 있지만 스마트폰은 제외돼 있다.

하루빨리 청소년들이 스마트폰 중독으로부터 벗어나게 하기 위해서는 수익자가 책임 있는 자세를 보여야 한다고 생각한다.

수학 만들기

최근 수학을 포기하는 학생이 갈수록 늘어나고 있다는 조사결과가 발표된 가운데 포기의 원인이 되는 수학 학습의 고비용 저효율 구조를 개선하기 위한 대책을 마련하기 위해 수학이 인생에 어떤 영향을 미치는지 조사하게 되었다.

경북교육연구소가 최근 경북지역 학생과 학부모 1천 여 명을 대상으로 '수학이 인생에 미치는 영향' 이라는 주제로 설문조사를 실시했다.

설문조사 결과, 학생 10명 중 7.3명이 학부모도 10명중 7.4명이 수학에 대한 스트레스를 느끼거나 느꼈던 것으로 조사됐다.

수학 난이도를 낮췄으면 하는 질문에 학생 74.4%, 학부모 74.55%가 긍정적인 답변을 해 스트레스 원인으로는 수학이 너무 어렵다는 것이다.

이로 인해 사교육 중 수학과목에 대한 사교육 비중이 50.19%로 절반이상을 차지하는 것으로 나타났다.

학생들의 스트레스를 줄이고 학부모들의 사교육 부담을 줄이기 위해서는 난이도 조절이 필요하다는 것으로 풀이된다.

우리나라 수학은 너무 어려워 학생들에게는 학습 부담이 높고 학부모들에게는 비용부담이 크다. 그리고 고비용 저효율적인 구조를 개선하기 위한 방법이 모색되어야 한다.

수학이 인생에 미치는 영향으로 학생들은 '수학은 나의 인생설계에 큰 도움이 될 것이다' 라는 질문에 49.37점으로 절반 정도의 학생들이 수학학습이 인생설계에 도움이 될 것으로 생각하고 있었다.

특히 '수학은 상급학교의 진학에 미치는 영향이 매우 클 것이다' 라는 질문에 79.43점으로 '매우 영향이 큰 것' 으로 응답했다. 이는 청소년들이 상급학교나 대학에서 수학이 필요하다고 인식하고 있고, 특히 이과 고등학생 수학의 필요성을 가장 높게 인식하고 있었다.

학부모들은 '수학이 내 인생의 진로 결정에 영향을 주었다.' 라는 질문에 62.58%가 '영향을 주었다' 고 응답했다.

그러나 '학교 때 배운 수학실력이 사회생활에 큰 도움이 되지 않았다.' 는 질문에 67.15%가 '도움이 되지 않았다' 고 응답해 대부분의 학부모도 학창시절에 수학과목으로 인한 스트레스가 많아 진로 결정이 바뀌었고, 우리나라 수학교육 방식이 사회생활에 크게 적용되지 않은 것으로 나타나서 개선이 요구된다.

대부분의 사람들은 "고교 졸업이후 거의 사용되지 않는 수학으로 인해 학습부담이 높고 학창시절 인생의 행로가 바뀌는 일이 비일비재 하다"고 말했으며 "학생들이 수학의 부담을 줄임으로서 좀 더 행복한 학교생활을 할 수 있도록 수학의 난이도를 낮추는 방안을 검토하는 것도 필요하다"고 밝혔다.

한편, 경북교육연구소는 20일 오후 다음 아고라에 '수학이 인생에 미치는 영향'이라는 제목의 토론방을 개설, 수학에 대한 국민들의 의견과 아이디어를 모아 대한민국의 청소년들이 행복한 학창시절을 보낼 수 있는 길을 모색할 것이다.

구체적인 결론은 다음과 같다.

〈중 · 고학생〉

△전체 학습시간 중 수학이 차지하는 비율은? (수학의 학습비중)

50% 이상이 56%이며, 특히 80% 이상이 12.4%로 나타나, 청소년들에게 수학 학습의 비중이 높은 것으로 확인됐다.

△'중 · 고 학생들이 수학이 학습에 대해 어느 정도 스트레스를

느끼는가?

응답자의 73.2%. 10명중 7.3명이 스트레스를 느낀다고 답했다.

남자(62.25%)보다 여자(70.90%)가 더 수학 학습에 더 부담을 느끼는 것으로 나타났다.

△ '수학과목의 수준이 지금보다 낮아지며 좋을 것이다.' 라는 질문에서는 74.73%가 '찬성' 했다. 특히, 문과학생들은 77.80%가 난이도가 낮아졌으면 하는 바람을 보이는 것으로 드러났다.

△ '수학은 나의 사회생활에 필요할 것 인가? 라는 질문에 47.59점(100점만점)으로 응답학생의 반 정도가 필요하다고 답한 것으로 조사됐다.

△ '수학은 나의 인생설계에 큰 도움이 될 것이다' 라는 질문에 49.37점으로 나타나 절반 정도의 학생들이 수학학습이 인생설계에 도움이 될 것으로 생각하고 있다는 것을 알 수 있다.

△ '수학은 상급학교의 진학에 미치는 영향이 매우 클 것이다' 라는 질문에 79.43점으로 '매우 영향이 큰 것' 으로 응답했다. 이는 청소년들이 상급학교나 대학에서 수학이 필요하다고 인식하고 있고, 특히 이과 고등학생 수학의 필요성을 가장 높게 인식하고 있었다.

△수학의 사교육 형태는 '학원' 26%, '개인과외' 19.5%, '방과후학습' 2.8% 순으로 나타났다. 수학과목의 사교육을 받지 않는 32.7%는 전문계 고등학교 1학년이 포함돼 있다. 전문계 고등학생을 제외하면 대부분의 학생들이 수학과목 사교육을 받고 있는 것으로 보면 된다.

△수학에 대한 불안감은 중 · 고등학생 72.83%가 느끼고 있다고 나타나 그 대책이 필요하다.

〈학부모〉

△ '학창시절 수학에 대한 스트레스를 가진 경험이 있는가?'

74.84%으로 2/3이상의 학부모들이 학창시절 수학에 대한 스트레스를 가졌던 것으로 조사됐다.

△ '수학성적 때문에 학업전체를 포기하려한 생각이 있었다.' 라는 질문에는
65.88%가 '포기' 를 생각했었던 것으로 답했다.

△ '수학이 내 인생의 진로 결정에 영향을 주었다.' 라는 질문에 62.58%가 '영향을 주었다' 고 응답했다.

△ '수학 과목만 아니었으면 나의 학창시절은 더욱 행복했을 것이다' 라는 질문에는 60.85%가 '그렇다' 라고 했다.

△ '학창시절 수학과목에 투자한 시간이 사회생활에 큰 도움이 되지 않았다.' 라는 질문에 66.72%가 '그렇다' 고 응답한 것으로 나타났다.

△ '학교 때 배운 수학실력이 사회생활에 큰 도움이 되지 않았다.' 는 질문에 67.15%가 '도움이 되지 않았다' 고 응답했다.

대부분의 학부모도 학창시절에 수학과목으로 인한 스트레스가 많아 진로 결정이 바뀌었고, 우리나라 수학교육 방식이 사회생활에 크게 적용되지 않은 것으로 나타나서 개선이 요구된다.

△학부모가 인식하는 우리나라 수학과목의 난이도는 70% 정도가 '난이도가 높다' 고 답하고 있다.

△ '수학과목이 지금보다 좀 더 쉬웠으면 합니까? 라는 질문에 74.55%가 '그렇다' 고 답해 쉬워졌으면 하는 바람을 나타냈다.

△ '사교육에 대한 부담감은 76.11%가 부담이 된다.' 고 답했다.
△사교육의 형태는 '학원' 48%, '개인교습' 28%, '방과 후 학

습' 14.8% 순으로 나타났다.

△ '수학과목의 과외비 비중은?' 과외비 전체에 50.19%로 절반이 수학과외 비용으로 지출되고 있다.

이번 조사는 (사)경북교육연구소가 1월 2일부터 10일까지 경북지역 중 · 고 학생(493명) 및 학부모(473명) 966명을 대상으로 온라인과 오프라인을 통해 실시됐다. (1,100부 배포, 회수율87.8%)

3막 나눔과 봉사

나는 나의 변화를 꿈꾼다!

나는 지금까지의 강의 방식으로 새로운 내 인생을 개척해보고자 한다. 그 중 가장 마음에 두고 모든 사람들에게 강의하고 있는 NLP원리를 말해주고자 한다. 신경언어 프로그램으로, 최면의 원리와, 만트라의 원리, 명상과 동일한 프로그램이라 생각한다. 그 원리를 활용해서 사람들을 행복하게 해 주고 싶다.

1) 지도와 영토는 다르다

세상에 대한 우리들의 정신적인 지도는 세상 그 자체가 아니다. 우리는 외부 세상에 직접 반응하는 것이 아니라, 우리의 정신적인 지도에 따라 반응한다.

2) 경험은 구조를 가지고 있다

우리의 생각과 기억에는 일정한 패턴이 있다. 그 패턴이나 구조를 변화시키면, 우리의 경험은 자동적으로 바뀐다.

3) 만일 누군가 할 수 있는 일이라면, 다른 사람도 배울 수 있다

우리는 어떤 일을 해 낸 사람들의 마음 속 지도를 배워서 그것을 자신의 것으로 만들 수 있다.

4) 마음과 몸은 같은 시스템의 일부이다

우리의 생각은 즉시 근육에 들어가는 힘이나 호흡, 느낌 등에 영

향을 미치고, 근육에 주는 힘, 호흡, 느낌은 다시 생각에 영향을 준다. 우리가 어느 한 쪽을 변화시키는 방법을 배우면, 다른 한 쪽도 변화시킬 수 있다.

5) 사람들은 이미 필요한 모든 자원을 가지고 있다

정신적 이미지, 자신의 내부로 이야기하는 내적인 음성, 감각, 느낌은 우리의 정신적, 신체적 자원(resourse)을 이루는 기초다. 우리는 그것을 이용해서 어떤 생각이나 느낌, 기술이라도 만들어 낼 수 있으며, 우리가 가장 원하고 필요로 하는 자리에 가져다 놓을 수도 있다.

6) 우리는 의사소통하지 않을 수 없다

우리는 언제나, 적어도 비언어적인 방법을 통해서라도 다른 사람들과 의사소통을 하고 있으며, 이때 언어가 중요한 역할을 하지 못하는 경우도 많이 있다. 한숨이나 미소, 눈길 같은 것은 모두 의사소통의 수단이 된다. 심지어 우리의 생각은 우리 자신과도 의사소통을 하고 있으며, 눈동자나, 목소리의 톤, 자세나 몸 움직임을 통해 다른 사람들에게 우리가 무슨 생각을 하고 있는지 알린다.

7) 의사소통의 의미는 다른 사람들의 반응을 통해 알 수 있다

다른 사람들은 우리가 말하고 행하는 것을 감지하고, 외부 세계에 대한 자신의 마음속 지도에 따라 행동한다. 만일 어떤 사람이 우리가 의미한 바와 다르게 듣는다면, 그것은 바로 의사소통이란 의미란? '상대방이 그것을 어떻게 받아들이는가' 에 있다는 것을 알 수 있는 기회가 된다. 상대방이 내가 의사소통 하고자 한 것을 어떻게 받아들이는가를 알아낼 수 있다면, 그 것을 조정해 다음에는 좀 더 명확하게 의사소통할 수 있을 것이다.

8) 모든 행동의 기저에는 긍정적인 의도가 있다

모든 종류의 행동은, 다른 사람에게 상처를 입히는 행동이나 해로운 행위, 혹은 전혀 생각 없이 하는 것처럼 보이는 행동도 포함해서, 그 본래의 상황에서는 긍정적인 목적을 가지고 있다. 그것은 무엇인가를 알리기 위한 외침, 위험을 떨쳐내기 위한 공격, 안전함을 느끼기 위해 무언가를 숨기는 것이 될 수 있다. 이런 행동을 묵과하거나 비난하기보다는, 그런 행동을 그 사람의 긍정적인 의도에서 분리해 내어, 원래의 의도를 충족시킬 수 있는 새롭고 더 긍정적으로 변화될 수 있도록 선택을 추가시킬 수 있도록 하는 것이 낫다.

9) 사람들은 항상 가능한 자신에게 가장 좋은 선택을 한다

우리들 모두는 자신만의 독특한 개인적 역사를 가지고 있다. 그리고 그 안에서 우리는, 무엇을, 어떻게 해야 하며, 무엇을 원하고 그것을 어떻게 원해야 하는지, 그리고 무엇을 어떻게 평가해야 하고, 무엇을 어떻게 배워야 하는가를 배웠다. 이것은 우리의 경험이다. 우리는 이 경험에 비추어 선택한다. 새롭고, 더 나은 경험이 추가되기 전까지는 그렇다.

10) 만일 당신이 지금하고 있는 일이 제대로 되지 않는다면, 다른 것을 해보아라. 다른 무엇이든 해보아라

만일 당신이 언제나 하던 일만을 한다면, 언제나 얻던 것만을 얻게 될 것이다. 만일 새로운 무엇인가를 원한다면, 그리고 특히 시도해 볼만한 대안이 많이 있을 때에는, 무언가 새로운 것을 해보아라.

11) 실패란 없다. 단지 피드백만 있다

실패란 없다. 단지 충분한 시간이 없어서이다.

이런 전제를 할 때, 당신은 아무리 불쾌한 상황에서도 어떤 것을 배울 수 있다.

12) 감각의 민감성(Sensory Acuity)

모든 사람은 기분의 변화가 왔을 때 나타나는 메시지가 있다. 그 메시지를 잘 읽음으로 해서 상대방의 상태를 알 수 있다. 그 능력 또한 우리가 살아가면서 반드시 필요한 것이다. 상대는 화가 났는데, 나는 웃고 있으면 어떻게 하는가? 상상을 해 보라.

① 피부색의 변화

우리의 피부색은 항상 변하고, 의식되지 않는 마음에 의해서 통제된다. 그래서 의식되지 않는 반응을 나타낸다. 피부색의 변화는 우리가 이를 대조해 보면, 알아보기 쉽다.(기분의 변화)

② 미세한 근육의 변화

긴장이나 이완은 얼굴 근육에 영향을 미치고 대부분 눈 모서리, 입가, 턱 선에 가장 잘 나타난다. 이 근육변화에는 특색이 있다. 그것의 의미는 각 개인마다 독특하다. 얼마간 연습하면, 그것을 알아차리고 이해하는 것을 배울 수 있다.

③ 아랫 입술의 변화

아랫 입술을 의식적으로 통제하기가 불가능하지는 않지만 통제하기 어렵다. 입술변화로 우리는 그 사람의 잠재의식에서 직접적으로 나오는 신호를 보게 된다. 아래 입술에 주의를 기울여서 보면, 패턴, 반복되는 것, 차이, 유사한 것, 크기에서 나타나는 변화, 질감, 움직임, 떨림, 굳어있는 것, 색, 촉촉하게 젖어 있는 것 등을 볼 수 있을 것이다.

④ 호흡의 변화

만약 대화 중에 호흡이 변한다면 아마도 그때 심리적인 변화가 있을 것이다. 사람마다 다르다는 것을 기억하라. 그러나 한 가지 확실한 것은 : 호흡의 리듬이 변하거나 호흡의 신체 위치가 변하면 이 사람에게 무언가 일어났다는 것을 의미한다는 것으로 판단하자.

⑤ 목소리의 톤, 높이, 빠르기, 볼륨, 그리고 리듬

인간의 음성은 말하는 실제 단어이외에도 정보를 대단히 많이 전달한다. 어떻게 말하는가 하는 방법이 종종 그 말을 이해하는데 결정적으로 중요하다.

⑥ 손과 발의 움직임

손과 발의 움직임도 그 사람의 행동에 포함시켜, 불안한 모습과 주의력과 연결시켜 볼 수 있다.

13) 주관적 몰입(Association)과 객관적 관조(Dissociation)

우리가 어떤 경험에 주관적으로 몰입할 때, 이는 우리가 그 경험을 실제로 느끼고 거기에 있는 모든 뉘앙스도 즐긴다는 것을 의미한다. 다른 한편 우리가 어떤 경험으로부터 객관적으로 관조할 때 우리는 자신을 그 경험에서 떨어지게 하여 그 경험에 대해 어떤 느낌도 느끼지 않게 된다.

객관적 관조는 우리가 느낌을 멀리하고자 원할 때 사용하며 그 상황하며 멀리에서 보는 것이다. 객관적 관조를 하고 있을 때 우리는 그 장면이 마치 영화스크린에 비쳐진 것처럼 스크린에 있는 자신을 본다.

자신과 보고 있는 스크린 사이의 거리를 더 멀리 하면 할수록 객관적 관조는 더 잘 일어난다. 어떤 외상경험의 경우에, 거리를 멀리하고 그 장면을 위에서 내려다 볼 필요가 있을 것이다. 그러기 위하여 다음과 같이 말한다.

"저 위에 이 장면을 보세요. 그리고 안전한 거리를 두고."

당신이 어떤 것을 볼 때 그 각도를 바꾸면 그것은 자동적으로 다르게 보이기 시작한다.

*주관적 몰입

주관적으로 몰입할 때의 생리적 상태를 사용해 보자. 몸을 앞으로 기울이면서 좌우를 살피자. 바로 이 순간 경험하는 것을 느껴보자. 그리고 어떤 일이 생기든 즉각 반응할 수 있도록 움직일 준비를 하자.

이제 즐거운 기억을 하나 떠올려 천천히 그리고 완전히 그 속으로 몰입해 보자. 그 상황 안에서 자신의 눈으로 보고, 자신의 귀로 듣고, 느껴지는 모든 좋은 느낌들을 즐겨보자.

다른 즐거운 기억들을 이용해서 한 번에 하나씩 주관적 몰입 상태를 유지해 보자. 여러 가지 다양한 상황에서 일어났던 즐거운 기억들을 선택해보자. 직장에서 있었던 일이나, 놀러 다니는 동안 있었던 일, 집에서 일어난 일이나 운동과 관련된 것, 혹은 관능적인 것이나 자기 만족과 관련된 것도 좋다. 하나 하나에 완전히 주관적으로 몰입해보고, 모든 긍정적이고 풍부한 느낌들을 완전히 즐겨보자.

이제 눈을 감고, 자신의 무의식에게, 필요할 때마다 이 모든 긍정적인 기억에 자동적으로 몰입할 수 있도록 도와 줄 것인지 물어본다. 이 현명한 선택을 통해 인생을 즐길 수 있고, 힘든 순간에는 도움을 얻을 수 있다는 점을 명심하라. 마음속에서 울리는 메시지에 귀를 기울이고, 긍정적인 대답을 얻을 수 있는지 확인해보자.

잠시 쉬면서 휴식을 취한다.(머리를 흔들며, 손으로 운동을 하며)

* 객관적 관조

객관적 관조의 생리 상태를 이용해 보자.

등을 의자에 기대고 어깨는 살짝 뒤로 뺀다. 머리를 약간 뒤로 젖히면서 턱은 살짝 위로 올려보자. 온몸을 편안하게 기댄다.

이제 그리 심하지 않는 불쾌한 기억을 하나 떠올린다. 충분한 시간을 가지고 거기에서 완전히 벗어나도록 한다. 마치 영화나 TV 화면을 보듯, 그 기억 속에 있는 자기 모습을 바라본다. 화면을 흑백으로 만들거나 TV를 멀리 밀어내는 것도 도움이 된다. 그 상황에 대한 흥미와 호기심은 놓치지 않으면서도 관찰자가 된 느낌을 즐겨보자.

너무 심하지 않은 불쾌한 기억을 다양하게 선택해서 단계 2를 반복하자. 직장에서 일하는 동안 일어난 일이건 집에서 일어난 일이

건 상관이 없다. 혼자 있을 때 일어나 일이나, 다른 사람과 있을 때 일어난 일, 어느 경험도 모두 좋다. 어떤 일에 대해서 실망을 했거나, 실수를 저질렀던 경험도 괜찮다. 각각의 불쾌한 기억에서 완전히 벗어나도록 객관적으로 관조해라. 그 상황에 대해 여전히 흥미와 호기심을 느끼면서 관찰자가 된 느낌을 즐겨보자.

이제 눈을 감고, 자신의 무의식에게 기꺼이 당신을 위해 긍정적인 자원이 될 것인지 물어본다. 이 현명한 선택을 통해 보다 인생을 즐길 수 있고, 힘든 순간에는 도움을 얻을 수 있다는 점을 명심하면서 불쾌한 기억이 떠오를 때마다 자동적으로 객관적으로 관조할 수 있도록 해달라고 무의식에 부탁한다. 마음속에서 울리는 메시지에 귀를 기울이고, 긍정적인 대답을 얻을 수 있는지 확인해 보자.

행복한 가정 · 학교 · 사회 만들기

'인간은 사회적 동물' 이다. 사회적 동물은 나 혼자 만이 살아가는 존재가 아닌 함께 , 더불어 살아가는 존재라는 것이다. 이렇게 더불어 살아간다는 것도 서로 다른 사람과의 관계를 원만히 해결해야 하지만, 때로는 그 관계 때문에 힘이 들기도 한다. 이것은 인간관계의 방법에서 찾아오는 스트레스라고 생각한다. 우리가 실행하는 인간관계는 개성을 지닌 존재인 '나' 의 표현이다. "지피지기(知彼知己)면 백전백승(百戰百勝)" 이라는 말이 있다. 자신이 인간관계를 개선하여 스트레스를 줄이려면 제일 먼저 자기 자신의 이해가 필수적이다. 도대체 '나는 누구일까?', '과거의 나의 어떤 경험들이 오늘날의 나를 만들어 주었는가?', '나의 무의식 속에는 어떤 심리적 욕망과 신념이 있을까?' 와 같은 여러 가지 자신에게 묻는 질문에 대해서 자신에게 가장 솔직하게 털어놓는 것이 자기 분석인 것이다. 때로는 감추기도 하고 때로는 작성하면서 눈물 흘리기도 하고, 반성하기도 하고, 때로는 기쁨에 찬 모습을 가질 것이다. 이번 기회에 솔직하게 자신에게 털어놓아보자. 나는 어떤 사람인지를, '과거의 나', '현재의 나', '미래의 나' 에 대해서 멋지게 생각해보는 능력을 길러 나 개인으로부터 나타나는 스트레스를 완전히 극복하도록 하는 좋은 기회가 될 수 있도록 노력해 보자.

우리는 개개인 마다 복잡하고, 다양한 심리적 특성을 가지고 있다. 그 결과 일목요연하게 자신을 이해하기가 어렵기 때문에 우선 크게 세 가지 측면에서만 분석해 보도록 하자. 아마도 이 세 가지 측면의 분석만 잘 한다면 자기 개방과 분석을 통하여 자신을 자신에게 혹은 타인에게 자신감 있게 자신의 모든 것을 털어놓고, 지금보다 훨씬 훌륭한 인간관계를 가능하게 할 것이다.

첫 번째는 나의 과거에 대한 분석이다. 이 용어를 '종단적 분석' 이라고 심리학에서는 칭한다. 종단적 분석이란? '현재의 나' 를 만들어준 성장과정을 알아보는 것이다. 과거의 어떠한 일들이 현재의 나를 만들었을까를 되돌아보는 좋은 기회가 될 것이며, 분명히 말하고자하는 것은 '현재의 나' 를 있게 된 과거의 모습은 좋은 것이든, 나쁜 것이든, 미래를 위해 좋은 방향으로 가기 위한 절대적인 거름으로 활용하기를 간곡히 부탁드린다. 어떤 내담자는 과거의 나의 모습에 지나치게 도취되어 '현재의 나' 에 대한 불만과 어두운 미래를 예측하는 사람도 있었기 때문에 노파심에서 말씀 드리는 바이다. 종단적 분석은 '과거의 나' 의 모습에서 '현재의 나' 의 모습으로 변화된 모습을 그려보는 것이다. 둘째, 나의 현재에 대한 분석이다. 이 용어를 '횡단적 분석' 이라고 심리학에서는 칭한다.

횡단적 분석이란? '현재의 나' 에 대한 분석이며, 현재 나의 성격, 특성, 장점과 단점 등을 체계적으로 살펴보는 일을 말한다.

셋째, 나의 과거사가 현재 나의 모습에 강력한 영향을 미치고 있지만, 때로는 내가 알 수 없을 때도 있다. 이것은 아마 나의 무의식적인 측면에서 나타나는 것으로 보인다. 내가 의식하지 못하지만 나의 행동에 강력한 영향을 미치는 무의식적 갈등이나 심리적 역동과정을 살펴보는 작업이 필요할 것이다. 이것을 우리는 심층적 자기 분석이라고 한다.

1. 종단적 자기분석

종단적 자기분석은 현재의 내가 형성되어온 성장과정을 바라보는 일이다. 과거는 이미 흘러간 옛일이지만 현재와 미래에 분명 영향을 미치기 때문에 중요하다고 본다. 과거의 나의 경험이 현재의 나에게 어떤 영향을 미쳤는지를 살펴보는 일이 가장 핵심이며, 아울러 현재와 미래의 중요한 밑거름이 되길 바란다.

① 가문과 조부모 및 외조부모에 대한 물음들

★ 나의 친가는 어떠한 집안인가?

★ 나의 친조부모는 어떤 분이며 어떤 삶을 사신 분들인가?

★ 나의 외가는 어떠한 집안인가?

★ 나의 외조부모는 어떤 분이며 어떤 삶을 사신 분들인가?

② 부모에 대한 물음들

★ 아버지는 어떤 분이시며 어떤 삶을 사신 분인가?

★ 어머니는 어떤 분이시며 어떤 삶을 사신 분인가?

★ 아버지와 어머니는 어떻게 결혼하게 되었는가?

③ 나의 성장에 대한 물음들

★ 나의 출생은 어떤 상황에서 이루어졌는가?

★ 나의 유년기(0세 ~ 5세 전후)는 어떠했는가?

★ 나의 아동기(6세 ~ 12세)는 어떠했는가?

★ 나의 청소년기(13세 ~ 18세)는 어떠했는가?

★ 나의 대학 및 취업 시기(19세 ~ 현재)

★ 그 외 자신에게 궁금한 부분을 자신에게 말한다.

2. 횡단적 자기분석

횡단적 자기분석이란? '현재의 나' 를 여러 가지 측면에서 살펴보고 평가하는 것이다.

'나' 는 육체를 중심으로 다양한 심리적 속성을 지니며 사회적 관계 속에 얽혀 있는 육체적. 심리적, 사회적 존재이다. 인간은 이러한 자신의 여러 가지 측면에 관한 기술적 또는 평가적 정보를 '나' 라는 자기 개념에 저장하고 있다. 즉, 횡단적 자기분석은 나 자신에 대한 나의 생각인 자기개념을 체계적으로 분석하는 일이다. "과연 나는 나 자신을 어떻게 바라보고 있는가?" 하는 물음에 답해 보려는 노력이다.

자기개념은 나를 구성하는 다양한 요소에 대한 여러 차원의 평가로 구성되어 있다. 즉, 자기 개념은 물질적 자기, 심리적 자기, 사회적 자기를 구성하는 여러 가지 요소로 나누어질 수 있다. 또한 이러한 요소를 평가하는 다양한 차원, 즉 자기요소의 중요도, 현실적 자기, 이상적자기, 의무적 자기, 가능한 자기 등의 차원에서 살펴볼 수 있다. 이러한 자기개념은 자기 존중감에 영향을 미칠 뿐만 아니라 대인관계에도 강력한 영향을 미치게 된다. 자기개념의 구체적 분석방법을 통해서 '현재의 나' 의 모습을 알아보도록 하자.

① 외모 및 신체적 매력 ② 신체적 건강 및 체력 ③ 가족의 재산 ④ 성격 및 성격적 매력 ⑤ 자기조절 능력 ⑥ 지적 능력 ⑦ 대인관계 능력 ⑧ 지식수준 ⑨ 학업 성적 ⑩ 인생관 및 가치관 ⑪ 교우관계 ⑫ 이성 관계 ⑬ 가족관계 ⑭ 사회적 지위와 신분

이외에도 자신의 장점과 단점을 10가지 정도 확인 할 필요가 있다. 될 수 있으면 단점보다 장점을 많이 기록하도록 하고, 장점을

타인에게 말할 필요가 있다. 그것은 나의 장점에 대한 나 자신에 대한 약속이기 때문에 인생이 지금보다 행복해 진다고 할 수 있다. 그리고 장점을 많이 가지고 있으면 결국 단점은 장점 속에 들어가기 때문에 저절로 단점은 사라 질 것이다.

심층적 자기 분석은 위의 두 과정을 모두 마치면서 미래에 대한 자신의 이야기를 하면 될 것 같다. 미래를 이야기 할 때 항상 희망적인 부분을 말하는 것이 행복하다는 것을 명심하자.

나를 행복하게 만들기 1

〈점진적 근육이완훈련〉

우리는 우리 몸에서 차분한 안녕감을 느끼지 못할 때 심리적 스트레스를 경험한다. 근육이 점진적으로 이완되면 발한율과 호흡률이 줄어들 뿐만 아니라 맥박과 혈압까지도 떨어진다.

만약 깊은 근육이완이 이루어지면 항불안제를 섭취하는 효과와 유사할 정도로 편안한 상태에 이른다.

1929년 Chicago의 의사 Edmund Jacobsen이 "점진적 이완(Progressive Relaxtion)"이란 책을 펴냈는데 이 책에서 그는 깊은 근육이완이란 기법은 상상력, 의지력 또는 암시력 등이 요구되지 않는 기법이라고 확신하였다. 점진적 이완법이란 불안을 야기하는 생각과 사건에 신체의 근육이 긴장을 일으킨다는 것을 기본 전제로 하는 것이다. 환언하면 생리적인 긴장을 주관적인 불안 경험을 증가시킨다는 것이다. 깊은 근육이완은 생리적 긴장을 낮추어 불안과 서로 양립될 수 없는 상태로 유도한다. 즉 하나에 반응하는 습관을 다른 하나에 반응하는 습관을 차단해 버린다. 박사학위 논문 속에 한 부분이 들어있으며, 외부강의나 특강을 하기 전에 반드시 수강생들에게 강의하는 기법 중 하나이며, 긴장이완으로 인한 스트레스 해소에는 제일 좋은 것 같았다.

이 프로그램을 지속적으로 하게 되면, 근육긴장, 불안, 불면증, 우울, 피로, 과민성 장 증후군, 근육경련, 목과 등의 통증, 고혈압,

중정도의 공포증 및 말더듬이의 치료에 뛰어난 결과를 보이고 있었다.

훈련의 횟수는 하루 15분 정도 꾸준하게 실시하게 되면 된다.

대부분의 사람은 어떤 근육이 만성적으로 긴장하고 있는지 잘 모른다. 점진적 이완법은 특정 근육 도는 근육집단을 확인하게 해 주고 긴장감과 깊은 이완감을 명확하게 구분하여 체험하는 방법을 제공해 준다.

점진적 이완을 누워서도 할 수 있고, 의자에 앉아서도 할 수 있다. 개별적 근육이나 근육집단을 5초에서 7초 동안 이완시켰다가 20초에서 30초 동안 이완시킨다. 이러한 절차를 최소한 한 번에 한번이상 반복한다. 만약 어떤 특정근육을 이완하기가 어려우면 다섯 차례에 걸쳐 긴장과 이완을 반복 훈련한다. 점진적 이완법을 실천할 때 아래에 예시하고 있는 언어 표현을 한번 또는 그 이상 스스로 말하면서 실천하면 큰 도움을 받을 수 있을 것이다.

긴장이 떨쳐 나간다.
평온한 휴식감을 느낀다.
근육이 이완되어 부드러워진다.
긴장이 사라져 없어진다.
더 많이 더 많이 사라져 간다.
더 깊게 더 깊게….

실천하는 절차가 충분히 기억될 정도로 익숙해지면 눈을 감고 한 번에 한 근육에만 주의의 초점을 맞추어라. 점진적 이완을 위한 지시는 두 가지 부분으로 구분된다.

첫 부분은 기본적인 이완 절차로서 훈련을 할 때 미리 녹음한 후 재생하여 들으면서 할 수 있다. 만약 녹음을 한다면 긴장과 이완이 충분히 이루어지도록 중간 중간 사이의 공백을 두는 것을 잊지 말라.

두 번째 부분은 한꺼번에 많은 근육들을 동시에 긴장시키고 이완시키는 것을 해야 하는 신속한 이완절차 이기 때문에 매우 짧은 시간에 깊은 근육 이완이 이루어져야 한다.

실시하는 방법은 다음과 같다.

방해를 받지 않는 조용한 방안에서 편안한 자세를 취한다. 옷을 느슨하게 하고 신발을 벗어둔다. 먼저 깊고 느린 호흡을 몇 번 시작하여 심신을 이완시킨다.

이번에는 몸은 이완상태에 두지만 주먹은 팽팽히 움켜잡고 손목을 앞으로 굽힌다.… 더욱 강하게 더욱 강하게… 주먹과 팔뚝에 팽팽한 긴장감을 느껴라… 자 펴면서 이완하라…

손과 팔뚝에 이완감을 느껴라… 긴장했을 때와는 반대의 이완감에 주목하라.… 이번에는 팔꿈치를 굽히고 이두박근을 긴장시켜라… 할 수 있는 한 최대로 강하게 긴장을 주고 긴장감을 관찰하라.… 손을 뻗히고 이완하라… 차이를 느껴라… 주의를 머리로 옮기고 가능한 강하게 앞이마에 주름살을 지으면서 앞머리와 두피에 신상감을 느껴라. 부드럽게 주름살을 펴면서 이완하라. 전체이마와 두피가 부드러워지고 이완되는 것을 느껴라.… 이번에는 이마를 찡그린 후 이마에서 퍼져나가는 긴장감을 느껴라.… 찡그린 체 그대로 있어라. 눈썹을 자연스레 부드럽게 이완되도록 하라.… 두 눈에 힘을 주고 꽉 감아라.…두 눈을 부드럽게 이완하라. 부드럽게 편안한 상태로 눈을 감은 체 그냥 있어라. 이번에는 입을 크게 벌려 턱에 긴장감을 느껴라. 이번에는 입을 크게 벌려 턱에 긴장감을 느껴라.… 턱을 이완하라.… 턱이 이완되면 입술을 약간 벌려라. 긴장과 이완간의 대조감을 느껴라.… 자! 혀를 입천장에 부드럽게 누르면서 입의 뒤쪽에 긴장감을 경험하라.… 이완하고.… 이번에는 두 입술을 서로 맞물어라. 그리고 나서 입은 "ㅇ"처럼 오므려라. 입술을 이완하고… 이마, 두피, 눈, 턱, 혀와 입술에 이완을 느껴라… 더욱 더욱 깊은 이완에 들어가라.…

머리를 목주위로 천천히 돌려라. 머리를 움직일 때 감지되는 긴장부위를 느껴라… 머리를 반대방향으로 돌려라. 이완하고 머리가 편안하게 똑 바로 서게 되는 위치로 돌아오게 하라… 두 어깨를 귀 근처까지 으쓱하고 위로 치켜 올려라.… 그대로 머물고 있다가 … 어깨를 아래로 뚝 떨어뜨리고 목, 목구멍과 어깨를 통해 퍼져나가는 이완감을 느껴라.… 순수한 이완감을 깊게 깊게 느껴라.…

숨을 길게 들여 마셔 폐 속에 가득 채운 체 숨을 참고 있어라. 긴장을 느껴라.… 토하면서 가슴이 이완되는 것을 느껴라.… 이완을 지속하면서 숨을 부드럽게 자유롭게 하라. 숨을 토할 때 마다 근육으로부터 빠져 나가는 긴장감을 살펴라.… 다음에는 위에 힘을 주어 위를 팽팽하게 유지하면서 긴장을 느껴라… 이완하고… 이번에는 손을 위위에 올려놓아라. 위속으로 "깊이 호흡할 때 손이 위로 솟아오름을 보라. 그대로 유지하고… 이완하라. 공기가 몸 바깥으로 빠져 나갈 대의 이완감을 느껴라. 이번에는 등에 긴장이 일어나지 않도록 약간 구부린다. 전 신체부위가 가능한 이완되도록 하라. 아래 등 부위에 긴장에 초점을 두고… 이번에는 이완하고… 긴장이 몽땅 녹아 없어져 버리게 두라.

엉덩이와 넓적다리에 긴장을 가하라.… 이완하고 긴장했을 때와의 차이점을 느껴라… 다리를 뻗쳐 긴장하고 발가락을 아래쪽으로 향해 감아라. 긴장을 경험한다.… 이완하고… 다리를 뻗쳐 긴장한 발가락을 얼굴 쪽으로 구부리고…이완하라.

호흡을 서서히 깊게 계속하면서 전신체를 통해 펴져나가는 깊은 이완감의 따뜻함과 중후함을 맛보라… 몸속에 남아 있는 마지막 긴장감 까지 몽땅 다 빠져 나가도록 하면서 전신체에 퍼져 나가는 이완감을 느낄 수 있을 것이다. 발을 이완하고… 발목을 이완하고… 장딴지를 이완하고…정강이를 이완하고… 무릎을 이완하고… 넙적 다리를 이완하고… 엉덩이를 이완하고… 이완감이 위까지 펴져나가도록 하고… 아래 허리까지… 가슴까지… 더욱더욱 멀리 멀리까지… 어깨에 깊은 이완감을 느끼고… 팔에서도… 손에서도… 보다 깊이 보다 깊이. 목이 부드러워지고 이완되어 있음을 주목하라… 턱,… 얼굴,… 그리고 두피까지… 호흡을 서서히 깊이 계속하라. 당신의 신체는 이제 완전히 풀리고 이완되고 평온해시고 휴식되었다.

기본적인 이완절차를 완정하게 학습되었다면 당신의 근육을 재빨리 이완시키기 위해 다음의 절차를 이용하라.

전체 모든 근육들을 일시에 긴장시켰다가 바로 이완한다. 앞에서와 같이 5초에서 7초 사이 개개 근육군을 긴장시키고, 이어 15초에서 30초 동안 이완시키는 절차를 적어도 한 번 이상 반복한다. 긴장감과 이완감 간의 차이에 주목하면서

1. 주먹을 안으로 쥐고 이두박근과 팔뚝을 긴장시켰다가 이완하라.

2. 머리를 목을 중심으로 시계방향으로 완전히 한 바퀴 돌린 후 이번에는 반대로 돌리고 이완하라.

3. 얼굴의 근육을 마치 호두 앞처럼 주름을 지어라. 앞이마에 주름 짓고, 눈을 찡그리고, 입을 벌리고, 어깨를 활 모양으로 구부린 후 이완하라.

4. 가슴 속 깊이 까지 숨을 들이쉬면서 어깨를 뒤로 구부린다. 이 자세를 유지한 후 내 쉬면서 이완하라. 깊은 호흡을 하여 위를 팽팽하게 한 후 그대로 있다가 이완하라.

5. 다리를 쭉 뻗친 후 발가락을 얼굴 쪽으로 구부려 정강이를 긴장 시킨 채 그대로 있다가 이완하라. 다리를 뻗고 발가락을 아래쪽으로 향해 구부려 장딴지, 넓적다리, 엉덩이를 동시에 긴장시킨 후 이완하라.

〈특별한 고려사항〉

1. 만약 이완프로그램을 용이하게 하게 위해 기본 절차를 녹음하려고 한다면 각 절차 사이에 시간적인 공백을 두어 다음 근육집단으로 진행되기 전까지 긴장과 이완을 충분히 경험할 수 있도록 하기 위해 시간 여유를 주어야 한다는 것을 기억해야 한다.

2. 모든 이완 기법과 마찬가지로 점진적 이완도 규칙적으로 실천해야만 이완의 속도와 깊이가 좋아질 수 있다.

3. 목과 등의 긴장에는 특별한 주의가 필요하다. 왜냐하면 과다한 긴장은 근육과 척수에 손상을 가져올 수 있기 때문이다. 또한 발가락이나 발을 지나치게 긴장시키게 되면 근육의 경련을 일으킬 수 있다.

4. 이 기법에 익숙하지 않은 초심자들은 때때로 긴장의 이완을 서서히 하는 것인 양 잘못알고 있다. 긴장을 느린동작으로 이완시

키는 것이 마치 이완 시키는 것처럼 보일지 모르나 실제로는 이렇게 하면 긴장이 더 쌓이는 것이다. 특정한 근육의 긴장을 이완시킬 때는 즉각적으로 긴장을 이완시킬 때는 즉각적으로 긴장을 내려놓아야 한다. 다시 말해 갑자기 근육이 흐늘흐늘 해 지도록 해야 만 한다.

5. 이장에서는 특정 근육을 능동적으로 긴장시키는 것에 관해 기술했다. 그러나 근육에 상처가 나 있거나 근육이 통증으로 괴로워하는 사람은 근육이 수동적으로 긴장하는 것을 선호할 수 있다. 같은 기본 절차를 사용 할 수는 있지만 "어느 부위의 근육이 긴장하고 있는지를 주로 살피시오!"라는 주문을 할 수 있다. 어떤 특정 근육에 긴장이 없다고 느껴지면 약간의 긴장만을 주목하는 것만으로도 충분하다. 이 같은 최소한의 긴장감은 눈에 잘 드러나지 않는 극히 미약한 것이다.

6. 처음에는 조용한 장소에서 점진적 이완법을 배울 수 있지만 나중에는 하루 중 어느 때라도 긴장을 느낄 때 마다 쉽게 이완할 수 있도록 짧게 하는 이완법을 활용할 수 있을 것이다. 그러면 행복감이 저절로 찾아 올 것이다.

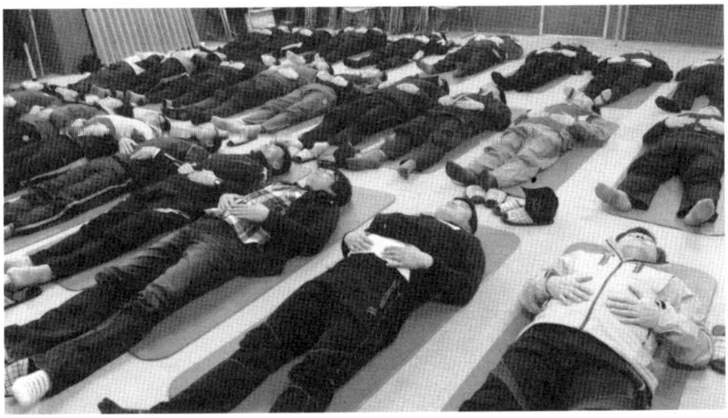

나를 행복하게 만들기 2

〈호흡명상〉

호흡은 삶의 유지에 필수적이다. 한번 호흡할 때마다 산소를 취하고 탄산가스와 같은 노폐물을 방출한다. 호흡을 잘못하면 산소흡입과 탄산가스의 배출이 불량해 스트레스 상황에 효과적으로 맞서 나갈 수 없다. 부적절한 호흡은 불안, 공황발작, 우울, 근육긴장, 두통 및 피로감을 일으킨다. 호흡 수련은 모든 종류의 명상법과 이완법, 근골격계 치료 및 완화의 기본이고 공통이다. 따라서 호흡법을 잘 알아 철저히 연습해야 한다.

호흡에 의식을 집중하고 호흡을 천천히 그리고 정상적으로 할 수 있게 되면 마음이 편안해지고 몸이 이완되어진다. 호흡의 각성이나 올바른 호흡 습관을 기르면 호흡 하나만 단독으로 실천하든가 또는 다른 이완기법들과 결합하여 실천하든가간에 심리적, 신체적 건강을 증진시키는데 큰 효과가 있다.

좀 자세히 호흡을 검토해보자.

숨을 들이쉴 때 공기는 코를 통해 들어간다. 콧속에서 체온에 의해 공기는 덥혀지고 습기를 머금고 다소 깨끗하게 정화된다. 가슴과 복부를 갈라놓은 횡경막이 숨을 들이쉬고 내쉴 때 확산과 수축이 이루어짐으로 호흡을 촉진시킨다.

폐는 폐포라 불리는 작은 탄력성의 주머니에 공기를 공급하는 많은 가지(기관지)를 가진 하나의 나무와 같다. 폐포는 공기가 폐로 들어오면 확산하고 공기가 바깥으로 나가면 수축하는 풍선과 같은 작용을 한다. 폐포 주변에 있는 작은 혈관(모세혈관)들이 산소를 받아 이를 심장으로 가지고 간다.

심장이 펌프질한 혈액은 신체의 모든 부위에 산소를 공급한다. 혈액세포는 산소를 받고 노폐물인 탄산가스를 배출하여 심장과 폐로 되돌아오게 한 후 몸 밖으로 내보낸다. 산소의 이동과 교환이 효과적으로 이루어지는 것이 생명유지에 절대적으로 필요할 것이다.

우리가 호흡할 때는 전형적으로 다음과 같은 두 가지 유형 즉 가슴호흡과 복부 또는 횡경막 호흡 가운데 어느 하나를 택한다.

가슴호흡이란 불안이나 정서적 불쾌감과 관련 있는 호흡이다. 일반적으로 사람들이 몸에 꽉 쪼이는 옷을 입고, 앉아서 생활하고, 스트레스가 많은 삶을 사는 사람들이 일상적으로 하는 호흡이 바로 가슴호흡이다. 가슴호흡은 얕은 호흡이고 불규칙한 호흡이며, 공기를 들이마실 때 가슴이 팽창되고 어깨는 위로 올라가게 된다. 불안한 사람은 호흡을 일시적으로 멈춘다거나, 헐떡거리는 과다한 호흡을 한다거나 짧은 호흡을 한다거나 죽음에 대한 두려움을 경험할 수 있다. 공기가 불충분하게 폐에 들어오게 되면 혈액은 적절하게 산화되지 못하여 심장박동과 근육의 긴장은 증가하게 되며 스트레스반응이 시작된다.

복부호흡 또는 횡경막 호흡은 신생아나 성인이 잠잘 때 보여주는 정상적인 호흡이다. 들이마신 공기가 폐 깊숙하게 들어와 횡경막이 수축하게 되고 팽창할 때는 호흡을 토하게 된다. 이 호흡은 규칙적이고 위축적이지 않다. 호흡계통은 산소로부터 에너지를 만들어내고 노폐물을 제거하게 된다.

자기 자신의 호흡 패턴을 잘 알게 되고 가슴호흡으로부터 복부호흡으로 바꿀 수 있게 되면 스트레스 관련 징후나 생각으로부터 비롯되는 근육의 긴장이나 불안을 낮출 수 있게 된다. 횡경막호흡은 이완반응을 가장 쉽게 야기하는 호흡법이다.

이러한 호흡훈련은 불안장애, 공황발작, 광장공포증, 우울, 자극과민성, 근육긴장, 두통과 피로, 근골격계 관련과 같은 징후의 경감에 효과적이라는 것이 밝혀졌다.

호흡훈련은 호흡정지, 과다호흡, 얕은 호흡과 손발의 냉증치료와 예방에도 널리 활용되고 있다.

호흡훈련에 따른 작은 변화와 이득은 금방이라도 경험할 수 있지만 큰 변화와 이득을 보는 데는 몇 달 동안 계속해야 된다. 이 장에 제시한 연습과제를 실천하고 난 후 자신이 발견한 가장 도움이 되는 연습과제를 통합하여 자신에게 알맞은 호흡프로그램을 만들 수 있고 이 프로그램을 인내심을 갖고 끊임없이 지속해 나가면 좋은 결과가 있을 것이다.

이 호흡훈련은 모두 세 부분으로 나눈다. 즉, 첫째는 각성과 이완을 위한 호흡수련, 둘째는 긴장을 내려놓는 호흡수련, 셋째는 징후조절을 위한 호흡 훈련이다.

1) 각성과 이완을 위한 호흡

첫 단계는 자신의 호흡 습관에 대한 주의를 높이고 어떻게 하면 이완을 위한 호흡을 익힐 수 있을 것인가를 학습한다.

① 눈은 코끝을 응시하면서 슬며시 감고, 오른손은 하복부(단전)에 놓고, 왼손은 가슴 정중앙부에 내려놓는다.

② 의식적으로 호흡을 바꾸려 애쓰지 말고 단지 자기 자신의 호흡에만 주목하라. 당신이 숨을 들이쉴 때 주로 어느 손이 위로 올라가는가? 가슴에 얹은 손인가 아니면 복부에 얹은 손인가?

만약 복부가 팽창하면 복부 또는 횡경막 호흡을 하는 것이다. 복부는 별로 움직이지 않고 가슴부위만 주로 움직인다면 가슴호흡을 하는 것이다. 가슴호흡으로부터 복부호흡으로 바꾸기 위해 폐의 가장 깊은 바닥에서부터 공기를 바깥으로 배출해내는 호흡을 한두 번 하라. 이렇게 되면 다음 호흡은 저절로 깊은 횡경막 호흡이 일어날 수 있는 진공상태가 된다.

복부호흡의 훈련은 첫째, 평평한 바닥에 담요를 깔고 '송장자세'를 취하고 편안히 눕는다. 두 다리와 두 팔을 쭉 뻗은 채 약간 벌려 몸에서 떨어지게 한 후 손바닥을 위로 한 채 손가락은 자연스레 펴고 눈을 감는다. 둘째 호흡에 주의를 기울인 후 두 손이나 책 한 권을 하복부에 부드럽게 올려놓은 후 다시 호흡에 주의를 모은다. 숨을 들이쉴 때 하복부가 상승하고 내쉴 때 하복부가 하강하는 것을 살펴라. 셋째, 코를 통해 호흡한다.(가능한 호흡 연습을 시작하기 전 콧구멍이 막히지 않았는지 여부를 확인한다). 넷째, 만약 하복부로 호흡하는 것이 어렵다고 느껴지면 숨을 토할 때 하복부를 손으로 살짝 눌리고 숨을 들이킬 때는 눌렀던 손을 살짝 풀어준다. 다섯째, 계속 하복부호흡이 어려우면 대안적인 방법으로 두 손을 포개어 위(胃)위에 올려놓아라. 그리고 깊은 복부호흡을 하면 복부가 오르내리는 것을 느낄 수가 있을 것이다.

심호흡은 첫째, 여러 가지 자세에 따라 응용하여 실천할 수 있지만 다음 자세를 따라 실천해 보는 것이 좋을 듯하다. 즉, 평평한 바닥에 담요를 깔고 눕는다. 무릎은 굽히고 두발을 8인치 정도 벌리고 척추가 똑바로 펴졌는가 살핀다. 둘째, 몸이 긴장되어 있는지 살펴본 후 한 손은 하복부에, 다른 한 손은 가슴에 올려놓는다. 셋째, 천천히 그리고 깊숙이 코를 통해 하복부까지 숨을 들이마신다. 이때 가슴부위는 가능한 적게 움직여야 한다. 넷째, 위의 동작이 편안하게 느껴지면 약간 미소를 띠면서 코를 통해 들이마시고 입을 통해 토해 내면서 조용하게 이완하면서 '쉬…이…' 하는 부드러운 소리를 낸다. 입, 혀, 그리고 턱이 이완 될 것이다. 길게 천천히 그리고 깊게 호흡하면서 하복부가 상승하고 하강하는가를 살펴라. 보다 깊은 이완이 이루어지면서 '쉬…이…' 하는 호흡소리와 호흡의 느낌에 주목하라. 다섯째, 하루 두 번씩 한 번에 5분 내지 10분 정도 몇 주 동안 같은 호흡을 계속하라. 이렇게 해서 기분이 좋으면 20분까지 늘려가라. 여섯째, 한 회기의 심호흡 수련이 끝날 무렵 약간의 시간을 내어 긴장 정도를 살펴보라. 시작할 때 경험했던 긴장과 수련이 끝난 지금의 긴장과를 서로 비교해 보라. 일곱째, 하복부로 숨 쉬는 것이 편안해졌다면 하루 중 언제라도 심호흡을 하고 싶은 때는 앉아서나 서서나 실천해 보라. 하복부가 상하로 움직이는 것과 공기가 폐로 들어가고 나가는 것 또는 심호흡을 함으로써 얻어지는 이완감에 주의를 집중하면서 심호흡을 계속해 보라. 여덟째, 심호흡을 함으로써 스스로 이완되는 것을 학습하였다면 긴장감을 느낄 때마다 심호흡을 실시해 보라.

자연호흡은 첫째, 바른 자세를 취하여 앉거나 서서 코로 호흡한다. 둘째, 먼저 공기를 들이마셔 폐의 밑 부분에 채운다. 자연 횡경막이 하복부를 앞쪽으로 밀어내어 공기가 들어갈 공간을 만들어준다. 다음으로 아래 부분의 갈비뼈와 가슴이 공기를 받아들이기 위해 약간 앞으로 이동하면 폐의 중간부분이 꽉 채워진다. 그 다음은, 가슴을 약간 올리고 폐를 지지하는 하복부를 약간 들어 올리면 폐의 상부가 공기로 가득 채워진다.(고무풍선에 바람을 집어넣는 것을 상상하라). 이 3단계가 한 번의 부드럽고 계속되는 숨을 마시는 것으로 끝날 수 있다. 연습하면 몇 초 안에 끝낼 수 있다. 그 다음 순서는 몇 초 동안 폐가 가득함을 경험하면서 호흡을 멈추고, 서서히 토하면서 살짝 하복부를 끌어당기고 폐가 완전히 비워지도록 하복부를 위로 살짝 밀어 올려라. 완전히 토해 내었으면 하복부와 가슴을 이완하도록 하라. 그런 후 호흡을 들이마실 때 어깨와 쇄골이 위로 조금 올라가도록 하면 신선한 공기가 가득 차게 될 것이다.

2) 긴장을 이완시키기 위한 호흡

다음의 호흡수련은 이완을 높이고 긴장을 완화하는 호흡이다

수식관 호흡은 첫째, 팔과 다리를 꼬지 않고 척추는 똑바로 편 채 편안한 자세를 취하여 앉거나 눕는다. 둘째, 하복부 쪽으로 깊이 들이마신 후 숨을 토해내기 전 멈추라. 셋째, 토해낼 때 "하나"하고 세어라. 계속 들이마시고 내쉬는 호흡을 하면서 내쉴 때 "둘", "셋", "넷" 하고 셈하라. 넷째, "넷"까지를 한 세트로 한다. 다음 세트는 다시 "하나" ~ "넷"까지 셈한다. 이렇게 하여 5분에서 10분 정도 토하는 숨을 센다. 다섯째, 이 호흡명상을 계속하면 호흡이 점차 느려지고, 몸이 이완되며 마음이 편안해지는데 이점을 주목하라.

우리는 때때로 한숨을 쉬거나 하품을 한다. 이것은 산소 공급이 충분치 못하다는 증거이다. 한숨과 하품은 산소공급 부족을 개선

하려는 신체 신호이다. 다시 말해 한숨과 하품은 신체가 긴장을 느낄 때 또는 무언가 우리 몸이 정상적이지 못할 때 이를 개선하려는 자연스런 현상이다. 따라서 이완의 수단으로 한숨이나 하품을 인위적으로 훈련할 수 있다. 이 때 실시하는 것은 한숨쉬기(토식호흡)이다.

먼저, 똑바로 앉거나 선다. 둘째, 깊게 한숨을 쉬면서 공기가 폐에서 몸 밖으로 나갈 때 깊은 구원의 소리가 나도록 내버려 둔다. 셋째, 의식적으로 숨을 들이마시려 하지 말고 자연스럽게 공기가 폐 속으로 들어오도록 한다. 넷째, 여덟 번에서 열번정도 이런 이완한숨을 쉬는 호흡을 하면서 이완 기분을 느껴 보라. 필요할 때마다 이 호흡을 반복하라.

그 다음은 긴장을 내려놓기 위한 호흡을 실시하면서 이완훈련을 한다. 첫째, 두 발을 바닥에 붙이고 의자 위에 편안히 앉는다. 둘째, 아랫배를 향해 깊게 들이마시면서 "이완을 마신다." 라고 스스로 말하고 숨을 토하기 전에 잠깐 동안 머문다. 셋째, 아랫배에서부터 토해 내면서 "긴장을 토해 낸다."라고 스스로에게 말하고 숨을 들이마시기 전에 잠깐 동안 머문다. 넷째, 숨을 들이킬 때는 내 몸속에 어떤 긴장이 있는가를 살핀다. 다섯째, 숨을 토해낼 때는 긴장을 내보내는 기회로 삼는다. 여섯째, 이완은 몸속으로 들어오고 긴장은 몸 밖으로 나간다는 것을 상상하는 것이 매우 도움이 된다.

3) 호흡명상과 이미지 호흡법

이 호흡연습은 자연호흡의 이완 효과와 긍정적인 자율암시(positiveautosuggestion)의 치유적 가치를 서로 결합시키는 것이다.

자세는 첫째, 바닥에 모포를 깔고 '송장 자세'를 취한 후 눕는다. 둘째, 두 손을 명치 위에 부드럽게 올려놓고 몇 분 동안 완전자연호흡을 실시하라. 셋째, 호흡을 들이킬 때마다 폐 속으로 에너지가 들어와 명치부위에 저장된다는 것을 상상하라. 호흡을 토할 때마다 이 에너지가 신체의 모든 부위들로 흘러감을 상상하라. 이 에너지가 온몸에 퍼져 나가는 모습을 머릿속에 그리고 두 가지 응용방법을 활용해보자.

첫 번째 활용 방법 : 한 손을 명치 위에 올려놓고 다른 한 손은 아픈(불편한) 부위를 향해 서서히 이동해 간다. 숨을 들이쉴 때 에너지가 몸속으로 들어와서 저장된다고 상상한다. 숨을 내쉴 때는 에너지가 명치로부터 아픈 곳으로 흘러가 그곳을 자극한다고 상상한다. 계속하여 숨을 들이킬 때마다 더 많은 에너지가 몸속으로 들어오는 것을 상상하고, 토할 때마다 이 에너지가 아픈 부위의 통증을 이끌고 체외로 배출되어 나간다는 것을 상상한다. 마음속으로 에너지가 아픈 부위를 먼저 자극했다가 통증을 끌고 몸 밖으로 나가는 과정을 마음의 눈으로 선명하게 그려 나간다.

두 번째 활용방법 : 한 손은 명치 위에 올려놓고 다른 한 손은 상처받았거나 염증이 있는 부위로 서서히 이동해 간다. 숨을 들이쉴 때 에너지가 몸속으로 들어가 저장된다고 상상한다. 숨을 내쉴 때 에너지가 상처받은 곳으로 흘러가 그곳을 자극했다가 염증을 끌고 나가거나 상처부위를 치료한다고 상상한다. 마음의 눈으로 이 과정을 상상하라.

4) 비강 교체호흡

이 호흡 훈련은 일반적인 질병에도 유용하지만 특히 긴장이나 비강성 두통 환자에게 유효하다.

첫째, 바른 자세를 취해 편안하게 앉는다.

둘째, 오른쪽 둘째 손가락과 셋째 손가락을 펴 이마에 얹는다.

셋째, 오른쪽 콧구멍을 엄지손가락으로 막는다.

넷째, 왼쪽 콧구멍을 통해 천천히 그리고 소리가 나지 않게 숨을 들이마신다.

다섯째, 왼쪽 콧구멍을 무명지로 막으면서 동시에 오른쪽 콧구멍을 막았던 엄지손가락을 제거하여 오른쪽 콧구멍을 연다.

여섯째, 오른쪽 콧구멍을 통하여 서서히 그리고 소리가 나지 않게 가능한 많이 토해낸다.

일곱째, 오른쪽 콧구멍을 통해 들이마신다.

여덟째, 엄지손가락으로 오른쪽 콧구멍을 막고 왼쪽 콧구멍을 연다.

아홉째, 왼쪽 콧구멍을 통해 토해낸다.

열 번째, 왼쪽 콧구멍을 통해 들여마신다.

열한 번째, 처음에는 5사이클로 시작해서 서서히 10에서 25사이클까지 늘려 간다.

나를 행복하게 만들기 3

〈듣기〉

마음을 움직이는 의사소통은 두 사람 - 마음이 통하는 대화는 보통 문제나 괴로움을 가지고 있는 사람(내담자)과 내담자의 이야기를 들려주며 문제의 해결을 도와주는 사람(상담자) - 사이의 대화를 매개로 이루어진다. 대화는 듣기와 말하기가 반복되는 미묘한 의사소통이다.

그러므로 의사소통을 효율적으로 하기 위해서는 듣기와 말하기의 기법에 능통해야한다.

1) 공감적 이해

(1) 정의

공감적 이해는 상담자가 내담자의 입장이 되어 내담자의 주관적인 세계를 이해하는 것을 말한다. 즉, 자신이 직접경험하지 않고서도 다른 사람의 감정을 거의 같은 내용과 수준으로 이해하는 것이다. 이렇게 하기 위해서는 상담자 자신이 준거 틀로써 내담자를 지각하는 것이 아니라, 내담자가 가진 것과 똑같은 준거 틀을 가지고 세상을 함께 바라보아야 한다.

** "이해하다"라는 뜻의 영어단어는 "understand"이다. 이 단어는 under(의 밑에)라는 접두어와 서다(stand)라는 동사의 합성어

이다. 즉, 누구를 이해한다는 것은 내자리(입장)에서 벗어나 다른 사람의 자리(입장)밑에 서서 같이 바라보아야한다**

(2) 공감적 이해의 기본요소

가. 감수성 : 내담자가 언어적으로 표현하든 비언어적으로 표현하든 간에, 그가 전달하고자 하는 중요한 감정과 생각 등을 정확하게 파악하는 것이 공감적 이해의 "감수성(感受性)" 차원이다.

나. 의사소통 : 상담자는 자신이 지각하고 이해한 내담자의 감정이나 생각을 내담자에게 적절하게 전달하여야 한다. 이것은 '의사소통' 의 차원으로서, 상담자가 아무리 정확하게 내담자의 내면세계를 이해했다 하더라도 이를 공개적으로 언어적으로 내담자에게 표현하여야 한다. 그렇지 않으면 내담자는 자신이 이해받고 있다는 느낌을 별로 가질 수 없다.

(3) 공감적 이해의 5가지 수준

가. 수준1 : 상대방의 언어적, 비언어적 표현에 제대로 주의를 기울이지 않아 명백하게 표현된 상대방의 표면적인 감정이나 생각조차도 정확히 지각하지 못하는 수준이다. 상담자는 자신의 준거틀을 가지고 상대방의 감정이나 생각을 왜곡하여 의사소통한다.

나. 수준2 : 상대방이 표현한 감정에 반응은 하지만, 상대방이 표현한 것 중에서 주목할 만한 감정을 제외시키고 의사소통하는 수준이 다. 상담자는 상대방의 표면적인 감정이나 생각에는 반응하지만 주로 자신의 준거 틀에 의존하기 때문에 상대방과 일치된 의사소통을 하지 못한다.

** 수준1과 수준2의 수준은 상담자가 내담자의 준거틀보다는 자

신의 준거틀에 의존해서 상대방의 정서나 생각을 평가하기 때문에 내담자의 정서가 자연스럽게 나타나고 흘러가는 것을 방해한다. 따라서 이 수준의 공감적 이해는 내담자와의 대화를 활성화하지 못한다**

다. 수준3 : 표면적인 수준에서 나타나는 상대방의 감정이나 생각에 일치되게 의사소통하는 수준이다. 그러나 상대방의 보다 깊은 내면적인 감정이나 사고에는 반응하지 않는다.

라. 수준4 : 언어적으로 명백히 표현되지 않은 상대방의 내면적 감정이나 생각을 지각하고, 이를 상담자가 자신의 준거틀로 왜곡하지 않고 의사소통하다 수준이다. 그러나 상대방의 내면적 감정이나 생각을 충분히 반영하지 않는다.

마. 수준5 : 상대방의 내면적 감정과 생각을 정확히 지각하여 이를 왜곡없이 충분히 의사소통하는 수준이다. 그리고 상대방의 적극적인 성장 동기를 이해하여 표현한나.

예 : 그 친구는 늘 자기 멋대로 독단적으로 일을 처리해

수준1의 반응 : 그 친구가 그럴 리가 없는데, 요즘 기분이 안 좋은가 보지.

수준2의 반응 : 너 화난 모양인데, 가서 잘 이야기 해봐

수준3의 반응 : 그 친구 혼자서만 일을 처리해서 기분이 상했겠지

수준4의 반응 : 너와 상의 없이 그 친구 혼자서만 일을 처리한 것 때문에 불쾌하지?

수준5의 반응 : 너와 함께 의논해서 했으면 서로 기분이 상할 것도 없고, 또너도 함께 그 일을 했더라면 더 좋았을 텐데 그렇지 않아서 불쾌 했겠군

2) 적극적 경청

적극적 경청은 상대방이 전달하고자 하는 말의 내용은 물로 그 내면에 깔려 있는 동기나 정서에 귀를 기울여 듣고, 이해한 바를 정확하게 상대방에게 피드백해주는 것이다. 상대방으로부터 주어진 정보를 단순히 받아들이는 소극적 경청과는 달리, 적극적 경청은 상대방이 이야기하고 있는 내용에 집중하고 완전히 이해하려고 해야 하기 때문에 어렵고 힘든 과정이다.

(1) 적극적 경청을 위한 신체적 자세

가. 상대방을 정면으로 바라본다. 이는 상대방과 진지하게 대화할 의사가 있음을 나타낸 다.

나. 개방적인 자세를 취한다. 팔짱을 끼거나 다를 꼬고 앉는 것은 상대방에게 거리가 있음을 나타낸다.

다. 가끔씩 상대방 쪽으로 자세를 기울인다. 이는 상대방의 이야기를 귀 기울여 듣고 있음을 전달해 준다. 그러나 너무 갑자기 또는 오래 그런 자세를 취할 경우 상대방이 부담스러울 수 있으니 자연스럽게 시도해야 한다.

라. 시선을 계속 접촉한다. 상대방고 이야기하는 도중 한눈을 팔거나 다른 곳을 자꾸 응시하면 자신의 이야기에 관심이 없다고 생각하기 쉽고, 이야기를 듣는 사람을 신뢰하기가 어렵다.

마. 편안하고 여유 있는 자세를 취한다. 이는 전문가다운 자신만만함을 보여준다. 또 상대방도 편안하게 자신의 이야기를 할 수 있게 된다.

(2) 피드백 하는 요령

가. 상대방이 말하고자 하는 핵심적인 메시지를 피드백 해 준다.

나. 상대방을 공감적으로 이해하고, 상대방의 감정을 피드백 해 준다.

다. 상대방의 이야기 내용을 명료화 한다. 상대방의 이야기가 모호하게 들릴 경우, 상대방의 메시지를 되풀이하면서 "... 라는 뜻입니까?" 혹은 "...라고 말씀하고 계신거지요?"라고 기술함으로써 상대방의 이야기 내용을 명료화시키는 것이 좋다.

라. 상대방의 이야기를 상담자 자신의 말로 바꾸어 진술한다. 이는 상대방으로 하여금 상담자가 주의 깊게 그리고 정확하게 경청하고 있음을 느끼게 한다.

마. 상대방이 이야기하고 있는 도중에 끼어들어 말을 가로막지 않는다. 충분히 생각할 시간을 가진 다음 피드백을 한다.

바. 상대방의 이야기를 요약하고 통합해 주는 것이 필요하다. 특히 상대방의 이야기가 두서없이 여러 메시지를 동시에 전달할 때 이것이 효과적이다.

사. 가능한 한 짧게 피드백 한다.

아. 상대방의 이야기 내용을 평가하지 않는다. 상대방을 '좋다/나쁘다', '맞다/틀리다'와 같은 식으로 가치판단하거나 평가하는 식의 피드백은 피하는 것이 좋다.

(3) 감정을 지각하는 방법

가. 느낌의 일반적인 범주를 구별한다.

예) 긍정적이다. 부정적이다.

나. 느낌의 상세한 종류를 지적한다.

예) 우울하다. 두렵다. 들떠있다.

다. 느낌의 강도를 서술한다.

예) 강하다. 보통이다. 약하다.

라. 내담자와 같은 의미를 가진 단어를 선택한다. 내담자가 자신의 느낌을 표현하기 위해 사용하는 단의들과 같은 의미를 가진 단어를 사용한다.

마. 내담자에게 의미 있는 단어를 사용하여 느낌을 표현한다. 즉, 그가 사용하는 어휘의 범위 내에 있는 단어를 사용하여 느낌으로 표현한다.

예) 일이 잘 안돼서 왔습니다. 아무리 애를 써도 집중이 되질 않아요.

표현감정: 갑갑하다. 속상하다.

심층감정 : 이 상태로 나가다가는 곤란하다. 시험에 불합격될 것 같다.

〈말하기〉

1) "나 – 전달법"과 "너 – 전달법"

상대방과 관련되어 있는 문제를 해결하기 위해 대화를 시작할 때 '나 - 전달법' 을 사용하면 대인관계에서 생길 수 있는 오해와 갈등을 줄이고 이해와 수용을 늘리는 효과적인 대화를 할 수 있다.

'나 - 전달법' 이란 '나' 를 주어로 하여 상대방의 행동에 대한 자신의 생각이나 느낌을 표현하는 대화 방식이다. 반면에, '너 - 전달법' 은 '너' 를 주어로 상대방의 행동을 표현하는 대화 방식이다.

전자의 경우에는 '네가 ......(행동)......하니까 나는 ......(감정)......게 느낀다' 는 식의 표현이다. 후자는 '너는 어떻다' 는 식의 표현으로, 흔히 상대방을 비난하거나 공격하는 투의 말이 되기 쉽다.

(1) '나 - 전달법' 의 장점

가. 서로간의 이해를 돕는다. '나 - 전달법' 을 사용했을 경우에는 상대방에게 나의 생각과 감정을 전달함으로써 서로간의 이해를 도울 수 있다. 하지만 '너-전달법' 을 사용했을 경우에는 상대방에게 문제가 있다는 식의 표현을 하게 되므로 상호관계를 파괴시킨다.

나. 상대방에게 좋은 인상을 준다. '나 - 전달법' 을 사용했을 경우에는 상대방에게 개방적이고 솔직하다는 인상을 준다. 하지만 '너 - 전달법' 을 사용했을 경우에는 상대방에게 일방적으로 강요하거나 공격이나 비난하는 느낌을 전달하게 된다.

다. 상대방이 저항을 하지 않는다. '나 - 전달법을 사용했을 경우에는 상대방은 상담자의 느낌을 별다른 저항 없이 수용하고 자신의 문제를 해결하려는 의도를 가지게 된다. 하지만 ' 너-전달법 '을 사용하면 상대방은 상담자의 지적에 대해 방어적으로 대처하고, 반감이나 저항을 불러일으킨다.

(2) '나 전달법' 의 사용방법

가. 문제가 되는 상대방의 행동과 상황을 구체적으로 말한다. 이때 평가나 비난의 의미를 담지 말고, 객관적인 사실만 언급한다.

예) 네가 약속 시간에 매번 늦으니까......(O)

네가 성의 없이 약속을 번번이 여기니까......(X)

나. 상대방의 행동이 자신에게 미친 영향을 구체적으로 말한다.

예) 네가 회의시간에 매일 늦으니까 나와 다른 친구들이 너를 기다리느라고 회의시간이 늦어지고 너를 찾으러 다녀야 해......(O)

네가 회의시간에 매일 늦으니까 곤란해......(X)

다. 상대방의 행동 때문에 생긴 감정을 솔직하게 말한다.

예) 네가 그런 식으로 행동했을 때 나는 무척 섭섭했었어......(O)

너는 왜 그렇게 행동하니?......(X)

2) 비평하기

(1)효과적인 비평하기

가. 개인적으로 비평한다. 불쑥 여러 사람 앞에서 비평하지 말고 개인적으로 비평한다.

나. 구체적으로 비평한다.

예) 너는 회의태도가 불성실해......(X)

회의시간에 떠들지 않았으면 좋겠어......(O)

다. 문제의 해결을 위해 비평한다. 야단하거나 질책하지 말고 문제를 효과적으로 해결하기 위한 방법을 제공하는 등 건설적인 비평을 한다.

예) 너는 왜 늘 멍청하게 일을 처리하니?......(X)

내 생각에는 일을 이렇게 하는 것이 훨씬 효과적일 것 같은데?......(O)

라. 부정적인 단어를 피한다.

부정적인 단어(예: 미쳤어, 제 멋대로야, 나쁜 녀석 등)를 피하고 정중한 태도로 비평한다.

마. 자신의 고통스러움과 속상함을 표현한다.

예) 네가 일을 늦게 처리해서 나도 그 마무리를 하느라 굉장히 애를 먹었어.

바. 상대방에 대한 기대를 간단명료하게 말한다.

예) 다음부터는 지각하지 말았으면 좋겠어.

(2) 비평을 받아들이는 요령

가. 비평이 공평하지 않다고 생각되 경우에는 그것에 대해 질문한다.

나. 만일 공평한 비평이면 상대방에게 구체적인 대안을 물어본다. 상대방에게 구체적인 대안을 물어 그것을 고려하고, 건설적인 비평을 해준 상대방에게 감사의 뜻을 표시한다.

다. 변명하지 않는다.

라. 비평이 명확하지 않을 경우에는 명확하게 해줄 것을 부탁한다.

마. 만일 다른 견해를 가지고 있을 경우에는 그것을 밝힌다.

3) 칭찬하기

(1) 효과적인 칭찬하기

가. 분명한 이유가 있을 때만 한다. 칭찬이 너무 잦으면 헤퍼 보이고 효과가 반감할 수 있으므로 분명한 이유가 있을 때만 한다.

나. 솔직하고 진지하고 간결하게 칭찬한다.

다. 구체적으로 칭찬한다.

예) 요번에 수고 많았어......(X)

네가 이번에 자료를 잘 정리해줘서 크게 도움이 됐어......(O)

(2) 칭찬을 받아들이는 요령

가. 칭찬을 품위 있게 받아들인다. 너무 겸손하여 칭찬한 사람을 무안하게 하지 말고, 칭찬을 품위 있게 받아들인다.

나. 칭찬에 대해 간결하게 자신의 감정을 표시한다.

예) 감사합니다. 실은 그 일을 끝내고 저도 기뻤어요.

다. 칭찬을 받고 즐기는 시간적 여유를 가진다.

● 참고문헌: 한성열 교수님 강의 내용 중

언론에서 본 안상섭

- 학교폭력예방 강의(경북일보)
- 행복한 봉화 만들기(아시아 뉴스통신)
- 포스코켐텍 운동
- 학교폭력과 자살 관련 인터뷰(경북일보)
- 왕따 방지프로그램의 필요성(경북일보)
- 포항시민 행복도조사(경북매일신문 외)
- 포스코켐텍 삶의 만족도(경북일보)
- 포항시 사회복지협의회 개최(경북일보)
- 찾아가는 학부모교실(뉴시스)
- MOU체결 신문 전제(경북일보, 경북매일 외)
- 밥상머리교육, 청소년 인성교육 인터뷰 (경북일보)
- 긍정의 말이 기적을 낳는다 (출판, 영남, 매일신문)
- 스마트폰 중독치료(중앙일보 외)
- 수학스트레스(중앙일보 외)
- 경상북도 사회복지사협회 MOU
- 경상북도 복지기관협회 MOU
- 경상북도 시니어클럽 MOU

스마트폰 중독 치료

1) 중독이란?

중독이라는 용어가 일반적으로 많이 사용되고 있지만, 구체적으로 중독이란 무엇인가?라고 물었을 때 중독의 의미는 전문가들 사이에서도 의견이 여러 가지로 나뉘어 있습니다.

일상적으로 중독이라는 용어는 주로 술과 담배, 마약 등의 물질과 관련하여 흔히 사용되고 있었지만, 최근에는 스마트폰, 인터넷, 게임, 도박 섭식, 성, 쇼핑, 성형, 일등으로 다양하게 확장되어 사용되기도 하고 사회적으로 많은 문제를 야기하고 있습니다.

최근 미국 정부가 선정한 10대 건강과제 중 5개(비만, 물질남용, 성적 난잡성, 니코틴, 폭력)가 중독과 밀접히 관련되어 있다고 발표하였습니다.

우리나라의 경우도 스마트폰, 인터넷, 도박, 인터넷 도박, 게임, 구매, 섭식, 성 등 다양한 중독이 중요한 개인 및 사회적인 문제로 등장하고 있는 것이 현실입니다.

이와 같이 중독은 특정한 행동이 자신이나 주위에 폐해를 초래해서 이를 조절하려 하지만 통제력을 잃고 반복하는 행동을 의미합니다.

그리고 중독은 중독의 대상인 물질이나 특정행동에 대한 기억의 활성화가 중추신경계에 영향을 미쳐 부적응적인 인지 행동적 결과를 초래하는 것을 의미하기도 합니다.(중독심리학회,2011)

이후부터 본인이 다루기로 한 중독의 내용에 대해서는 스마트폰의 중독예방과 치료라는 주제를 가지고 강의를 시작하기로 한다. 우리나라는 전 세계에서 가장 앞서가는 IT강국이라고 한다. 하지만 제대로 이러한 IT 사용 기술은 뛰어 났지만, 그것을 사용하는 사람들이 중독에 빠져들기 시작했다. 개인과 가정은 물론, 국가로 봐서도 엄청난 손실이 발생할 수 있다는 것이 현실이다.

특히 미래 대한민국을 짊어지고 갈 청소년들의 스마트 폰 중독과 과몰입은 아주 심각한 현상이다. 이러한 현상을 잘 예방하고 치료해서 행복한 가정과 사회를 만들어 보기로 하자.

2) 스마트폰 중독의 실태

경북 포항에 사는 중학생 박모 양(16,여) 하루 중 대부분의 시간을 스마트폰과 함께 보낸다. 특별한 일이 없는 한 늘 손에 스마트폰을 쥔 채 생활을 하고, 이는 학교나 학원 수업시간에 심지어 가족들과 식사시간, 화장실, 잠자리에 들때도 예외가 아니다.

메시지가 올까봐 수시로 전화기를 만지작거리는가 하면 도착알림이나 진동에 민감한 반응을 보이는 경우도 많다. 결국 부모와 함께 전문상담기관을 찾은 박양은 '스마트폰 메신저 채팅중독' 이라는 진단을 받았다.

(아시아경제신문 2013.7.21)

우리나라 초 · 중 · 고생 10명 중 7명이 스마트폰을 가지고 있는 것으로 나타났다. 이 중 초등학생은 2명 중 1명이 스마트폰을 사용하고 있다. 교육부는 전국 1만1천 410개 초 · 중 · 고 학생 628만 2천 775명의 스마트 기기 보유 현황을 전수 조사한 결과 7월 1일 현재 초 · 중 · 고생의 69.1%인 434만 734명이 스마트폰(테블릿 PC 포함)을 보유하고 있었다고 28일 발표했다. 초등생 스마트폰 보유율은 48.8%(131만 8천명)였고, 도시 49.2%, 농촌 46.6%로 도시가 약간 높은 것으로 나타났다. 중 · 고의 스마트폰 보유율은 중학생이 85.1%, 고등학생이 83.7%로 중학생이 약간 높았다. 중학생의 경우 대구 91.1%와 경기 93.3%, 부산 90.3%로 보유비율이 비교적 높았다.

이처럼 중고생은 물론 초등학생에게도 스마트폰은 거의 필수품으로 자리잡아가고 있는 현실이다. 문제는 스마트폰 사용으로 인한 해악이다. 스마트폰은 특히 중독에 빠지기 쉽고, 그로 인해 심신건강에 미치는 해악이 심각하다. 스마트폰 사용이 보편화되고 일상화 될수록 중독에 따른 폐해도 커지기 때문에 각별한 주의와 대책이 절실하나, 아직 스마트폰 중독 예방을 위한 체계적인 대책이 이뤄 지지 않고 있다.

이미 청소년들의 스마트폰 중독현상은 심각한 수준이다. 우리나라 청소년의 스마트폰 중독률은 6.5%에 이르고 있다. 일반 인터넷 중독률 3.07%의 두 배가 넘는다. 인터넷 중독보다 훨씬 더 심각한 문제도 떠오른 것이다. 아무리 유용한 도구라 할지라도 중독이 되면 더욱 독이 된다.(영남일보, 7.29)

- 위의 글을 읽고 난 뒤 여러분들은 어떠하십니까?
- 하루에 스마트폰을 몇 번 확인하고, 확인 하십니까?
- 혹시 스마트폰 때문에 업무에 지장은 없으셨는지요?
- 나의 스마트폰 관련 중독성 여부는?
(검사지 활용)
- 나는 과연 얼마나 행복한 삶을 살고 있을 까?
(검사지 활용)

3) 중독과 뇌와의 관계

최근 우리나라 청소년들의 자살이 유행처럼 번지고 있다. 그 중의 한 학생의 예를 들어보기로 한다.

학교폭력에 시달리다 자살한 어느 중학생의 이야기를 보기로 하자.

그 학생의 자살 사건은 가해 학생의 아이디로 지속적인 협박에 의해 게임을 하여 가해학생 자신의 레벨을 높이기를 강요받았고, 그렇지 않으면 협박이나, 공갈, 폭력의 괴롭힘을 받았고, 그로 인해 가해학생은 게임중독으로 인해 도덕적 판단이 흐려진 상태였고, 피해학생 역시 가해학생으로 인해 어쩔 수 없이 게임 중독이 되어 우울증을 겪다 자살을 하게 된 슬프고 안타까운 일이 일어난 것입니다.

위의 글처럼 과연 중독과 뇌와는 어떠한 관계가 있을까?

첫 번째, 뇌가 발달하는 청소년 시기에 인터넷 게임을 하면서 지속적으로 비슷한 자극을 받게 되면 청소년이 공격적으로 변화될 수 있다는 것이다. 인터넷 게임을 하다 보면 공격적 자극, 성에 대한 자극 등 비슷한 자극을 받고, 자극을 편식하게 된다는 사실이다.

이 편식된 자극으로 인해 같은 자극이 반복되다 보면 현실과 게임 상황을 오인하는 경우가 종종 일어난다. 예를 들면, 게임 중독으로 군 생활을 하는 모 병사가 내무반의 동료들을 게임에서처럼 총기사고를 내게 되는 경우가 현실과 게임을 구분 하지 못하는 뇌의 역할 때문에 일어났다고 할 수 있다.

둘째, 자살을 선택한 위의 피해학생도 우울증을 겪었다는 것인데, 인터넷 게임에 중독된 청소년들 중에 우울증을 겪는 경우가 많다. 또 자살은 나를 패지는 것이다. 마음이 약하면 공격성이 안으로 향하고, 강하면 밖으로 향하는 것이다. 이 때 자살은 마음 안으로의 공격성이 나타나 나를 죽이게 되는데, 그것이 게임 중독으로 인한 뇌의 손상을 말하는 것이다.

셋째, 인터넷 게임을 많이 하는 것은 뇌에 어떠한 영향을 주는가?

뇌의 전두엽 기능을 손상시킨다고 본다.

전두엽은 뇌의 앞쪽을 말하는데 행동을 계획하고 공격적이고 나쁜 행동을 억제하는 역할을 하는 부분이다. 사회인으로 규칙을 지키고, 충동을 조절해 사람답게 살게하는 기능을 한다. 전두엽이 손상되면 사람과 짐승이 구분이 안된다고 한다.

넷째, 청소년기에 인터넷 중독에 빠지면 뇌 발달이 제대로 이루어 지지 않아 이해력, 어휘력 등 지적 능력이 떨어져 학습 장애나 적응장애가 발생할 수도 있다.

4) 스마트폰 중독 예방 및 치료

(1) 스마트폰 사용으로 인한 부정적 생활변화

① 신체적 변화

실제적으로 목, 팔목에 통증을 호소하였고, 작은 화면을 가까운 거리에 두고 보면서 시력이 나빠짐과 안구 건조증이 나타날 수 있다.

예) "평소에는 누워서 쓰니까 목이랑 팔목이 좀 아파요. 그리고 뭔가 가끔 맨날 들고 다니니까 전자파가 흐르는 느낌이 든다고 해야 할까? 저는 잘 때도 멀리 두고 자거든요. 하도 가까이 썼으니까 하루 종일, 평소에 좀, 손목이 아프다든가...."

"저는 일단 눈이 되게 많이 안 좋아졌고요. 신체검사 받을 때는 1.0/1.0이었는데 지금 가보니까 0.3/0.2 이렇게 되더라고요, 근데 저희 친형도 게임을 좋아하거든요, 그래서 스마트폰 게임을 항상 이 정도 거리를 두고 하는데, 엄청 가까이 두고 하는데 아마 제가 이게 없었으면 눈이 좀 덜 나빠지지 않았을까 생각을 하고요..."

② 정서적(성격적)변화

스마트 폰 사용으로 인해 정서적인 부분에서 많은 변화가 있는 것으로 보인다. 먼저 스마트폰을 잃어버리거나 집에서 가져오지 않았을 때, 혹은 배터리가 나갔을 때, 3G나 와이파이 등 인터넷 접속이 되지 않았을 때, 참여자들은 불안을 느낀다고 호소하였고, 때론 무력감을 느끼는 모습을 보였다.

예) 어디서든 인터넷 가능한 지 아닌지에 따라서 그리고 막 3G 안 터지는데 가면 화가 나죠. "왜 안 터져!" 하면서...
"3G나 그런 게 안 터지는 공간에서 가끔 그런 공간 있잖아요. 전화랑 문자 밖에 안 되는 공간, 3G가 안 터지는 그런 구간이 있을 때, 되게 갑자기 그러니까 전에도 휴대폰 잘 들고 다녔어요. 3G 안 되는 휴대폰 잘 들고 다녔는데 갑자기 그 상황에 놓였는데 그 때랑 똑같은 상황이 되었을 뿐인데 갑작스럽게 무력화된 그런."

스마트폰을 통해 속해 있는 거대한 커뮤니티에서 자신이 설 곳을 잃고, 단절되게 될 것에 대한 공포감을 느끼기도 하였다. 이는 가상적인 관계가 실제적인 관계에서도 영향을 미친다고 생각하거나 가상적 관계를 실제적인 관계만큼 중요성을 두는 경향이 있음을 알 수 있다.

예) "자기가 그냥 거대한 커뮤니티 안에서 살아가길 바라는 게 있는데 그걸 공감을 못했거든요. 근대 지금 이렇게 스마트기기 접하면서 그걸 느끼게 되었어요.
네, 단절 공포증"

또한 SNS 등을 이용한 대인관계에서도 상대방의 태도 등에 과민하게 반응하게 된다고 응답하였으며 이러한 모습이 스마트폰에 너무 끌려 다니게 되고, 의존하게 되는 것이 아닐까 걱정하기도 하였다.

예) "근데 제가 그렇게 1,2분 안에 답을 했다가 상대방이 다음 답을 30분 뒤에 하면 전 30분 동안 아무 것도 못하는 거예요. '어?

얘기 바로 답을 줄 텐, 안 주? 안 주? 안 준? 어 안 주네?' 계속 '그럼 어 이제 나도 딴 일 해야지.' 하다가도 이렇게 계속 보고, 이렇게 하고 있는 일을 하는 거죠, 이렇게 하고, 그런 안 좋은 그런 점에서"

"인터넷하고 카카오톡을 많이 하는데. 카카오톡이 좀 더 끌려 다니는 느낌이 강하게 들어요 왜냐하면 그냥 말씀하신 것처럼, 다른 거는 그냥, 뭔가 문자 같은 거는요. 답문, 회수율? 회답률? 회답 시간이 텀이 엄청 긴 편이거든요. 카카오톡은 1이 있기 때문에 제가 빤히 보면서 이게 없어졌잖아요. 재가 봐서 지금 근데 답을 안 하는 건 상대방한테 되게 예의가 아닌 거 같은 거예요. 그래서 문자 같으면 원래 되게 6시간이나 12시간이나 하루 이틀 뒤에 보내는 경우도 왕왕 있고, 나중에 이제 거짓말도 치죠, '아, 못 봤다.' 뭐 이런 식으로? 근데 이제 카카오톡은 그런 걸 할 수 없으니까 되도록 보자마자 보내려고 애를 많이 써요."

"카카오톡 같은 경우에는 이제, 밀당의 많은 수단이 되기 때문에 제가 이제 이 사람 뿐만 아니라 '이런 앱이 괜시리 ."발명되어가지고 괜시리 끌려 다니는 구나.' 이런 생각이 좀 많이 들더라고요

③ 행동적 변화(비행 및 불법행위 포함)

스마트폰으로 많은 일을 할 수 있다 보니, 해야 할 일을 미루게 되는 경향이 생겼나고 보고하였다. 예전에는 컴퓨터 등을 이용해서 정해진 자리에서 해야하는 일이었지만, 지금은 스마트 폰을 이용해서 이동 중에도 처리가 가능하기 때문에 일을 미리 끝낼 생각을 하지 않고, 자신에게 유예를 주는 모습을 보였다.

예) "그러니까 이제 어떤 컴퓨터에서 할 수 있는 작업 같은 걸 더 미뤄버리는 거에요. 막 그래서 뭐랄까, (해야 할 일을) 12시 45분에 지하철을 타면서 시작하는 안 좋은 점. 예전에는 컴퓨터로 최대한 효율성을, 왜냐하면 컴퓨터는 그 자리에서 제가 키 보드를 잡고 앉아있지 않으면 못하는 거니까 일이 다섯 개 있으면 다섯 개를 묶어서 한다든가 컴퓨터를 할 일 있으면 묶어서 한다든가 했는데 얘가 있어버리니까 그런 것들을 묶어서 할, 조금 흐트러지는 나쁜 점이 있고요."

④ 가정 안에서의 변화

가정 안에서 역시 스마트폰을 손에서 놓지 못하고 계속 사용하게 되면서 부모님들의 잔소리를 듣게 되었다고 보고하였다.

예) "제일 많이 듣는 엄마 잔소리 중에 하나가 너희 둘은 스마트폰에 죽고 못산다. 그러거든요, 집에 오면 제발 좀 떨어뜨려 놓으라고, 전자파 때문에 건강해칠지도 모른다 이런 얘기를 들을 정도로, 그런 얘기 들어본 적은 아직 없어요. 저는..."

⑤ 또래 친구 관계에서의 변화

또래 친구와의 관계에서 스마트폰의 SNS 앱의 즉시성이 큰 영향을 미치는 것으로 보인다. 친구가 카카오톡에서 즉각적으로 반응을 하지 않을 때 상대방에 대한 서운한 감정이 생긴다던가, 계속적으로 상대방의 방능에 집착하게 되는 경향성을 보였다. 그리고 또래 관계에서 뿐만 아니라 SNS를 사용하는 많은 관계에서 대화상대의 패턴을 보고 대화 상대를 예의나 매너 등을 판단하게 되었다고 보고하였다.

예) "근데 제가 그렇게 1, 2분 안에 답을 했다가, 상대방이 다음 답을 30분 뒤에 하면 전 30분 동안 아무 것도 못하는 거예요. '어? 얘기 바로 답을 줄 텐, 안 주? 안 주? 안 준? 어 안 주네?' 계속 "그럼 어 이제 나도 딴 일 해야지.' 하다가도 이렇게 계속 보고, 이렇게 하고 일을 하는 거죠 이렇게 하고, 그런 안 좋은 그런 점에서"

"제가 남의 성격을 판단하는 기준이 되었던 것 같아요. 그러니까 그 사람이 단체 미팅을 막하는데 그냥 나가는 사람들 있잖아요. 말도 없이… 그러거나 다 바쁜데 충분히 '알겠습니다.' 대답해 줄 수도 있는 건데 막 하는 사람들을 보면 제가 그게 카카오톡 안에서 심리적인 것으로 제 주관대로 아 이 사람은 예의 없고 매너 없는 사람이라고 판단하는 기준이 있는 것 같아요."

반면에 스마트폰을 통하여 이전에는 몰랐던 사람들을 알게 되고, 그들과 연락을 하기나 실제적으로 만남을 가지면서 또래 및 대인관계의 폭이 넓어졌다고 보고 하기도 하였다.

예) "만약에 스마트폰이 없었으면 몰랐을 건데 평생 또 우연히 목록에 떠서 친구 추가 하게 되면 또 연락을 할 수 있게 되고 실제로 많이 만나거든요."

⑥ 학교에서의 변화

학교에서의 가장 큰 변화는 일단 학업적 문제이다. 시험이 중요하다는 것을 인지하고 있지만 스마트폰을 사용하느라 시험공부에 온전히 집중하지 못하는 경우가 생긴다고 말하였고, 그로 인해서 실제로 시험을 제대로 못보게 되는 경우가 발생하기도 하였다. 시험의 중요성을 알고 있느냐 모르고 있느냐의 여부를 떠나서 더 매력적인 스마트폰에 관심을 빼앗겨서 실제적 학교 생활에서 문제가 발생하기도 하였다.

예) "시험공부를 항상 우선시 했기 때문에 다른 것이 아무리 개인적으로 안 좋은 일이라든가, 외부적으로 안 좋은 일이라든가, 우선 순위에 밀렸거든요. 그런 것들, 예를 들면 어제 헤어졌어도, 오늘 공부하는 식으로? 약간 우선순위가 그렇게 높지 않았는데, 이건 중요하지 않으면서도 계속 매달리는 면이 있어요. 그러니까 중요해서 매달리면 괜찮은데, 중요하지 않으면서 매달리는 것은 문제라고 생각합니다."

"근데 제가 그 날 도서관에 애를 들고 온 거예요. 시간이 충분한데 애를 가지고 한참 놀다가 밤 12시에 정신을 차린 겁니다.아, 이러면 안되는데, 그래서 밤 12시부터 새벽 6시 까지 한 과목을 공부하고 시험을 봤더니 나머지 두 과목은 망하고 한 과목이 잘 나왔더라고요."

⑦ 경제적 변화

스마트폰을 사용하면서 요금이 많이 나오는 경제적인 문제도 발생하였다.

예) " 돈이 너무 많이 들어요. 예전에 제 동생은 한 달에 한 2 만원씩 쓰거든요. 스마트폰이 아닌 걸로? 근데 전 기본이 5만원 정도 나오니까 기기값하고 충전화 시키면 7,8만원 까지는 나오니까요, 요금이 많이 나오죠."

2) 스마트폰 사용 예방법

① 개인차원에서의 예방법

개인적 차원에서는 스마트폰 이외의 주의를 돌릴 수 있는 여가 활동이나 취미생활을 찾아보는 것이 중요하다는 의견이 있었다. 자신의 관심을 스마트폰이 아닌 다른 곳으로 돌림으로써 스마트폰의 구속을 벗어날 수 있었다고 보고하였다.

> *예) "놓고 다니기, 동생이랑 바꾸기, 가능하다면 원래 핸드폰으로 돌아가지, 그리고 이제 좀 주의를 다른 곳으로 돌리는 게 필요할 것 같아요. 저 같은 경우는 이제 다른 취미생활을 갖게 된 다음에 친구들을 많이 만나면서 제 일이 좀 생기면서(지금 구직 중) 다른 알바도 계속하고 있고, 그리고 그 다음에 다른 취미 생활이나 운동이나 그림 그리기, 이런 걸 하면서 자연스럽게 관심이 다른 데에 쓰여지더라고요. 개강도 시금 했고, 그 다음에 저는 점점 더 좋아지고 있다고 생각해요."*

② 학교차원에서의 예방법

학교에서는 스마트폰을 가져오지 못하게 하는 사항을 검토하는 것이 어떨까하는 의견이 나왔습니다. 미국에서 실제로 IT기기를 가지고 등교하는 것을 금지한 사례가 있었고, 국내의 고등학교에서도 실제 시행해 본 결과 아주 좋은 효과가 있었다. 이러한 제도는 논란은 있지만 자신을 통제하지 못하는 초중고생들에게는 필요할 수 있다고 언급하고 있다.

> *예) "실제로 미국에 IT기기를 가지고 오는 게 금지된 공립 고등학교가 효과를 보고 국내에도 있다고 합니다."*

③ 기업차원에서의 예방법

기업에서는 사용자의 스마트폰 사용시간 등을 점검할 수 있는 앱을 만들거나, 구매내역을 기록에 남김으로써 자기 검열을 할 수 있는 제도나 규제 방안을 만들어 놓는 것이 필요하다는 의견이 나왔다. 스마트폰 사용이 과다하다고 느끼는 사용자들이 자기 점검을 할 수 있는 앱을 사용할 수 있도록 기업이 제공자의 역할을 하는 것이 필요하다고 언급하였다.

④ 지역사회 및 국가 차원에서의 예방법

지역사회 및 국가 차원에서도 기업에서처럼 스마트폰 사용을 점검하기를 원하는 사람들이 시스템적으로 사용을 차단할 수 있게 돕는다면 도움이 될 수 있을 것 같다는 의견이 나왔다. 혹은 아직 자기 통제력이 충분히 발달되지 못한 어린 아이나 청소년의 경우엔 정부적 차원에서 연령대를 제한하여 스마트폰의 이용을 규제하는 것도 가능하다고 보고하였다. 그러나 이러한 규제를 정책적 차원에서 실시할 때, 개인의 자유권이 침해당하지 않도록 노력하는 것이 중요하다는 의견이 있었다.

그리고 스마트폰 시장이 활성화되면서 시장원리에 의해 이전에 사용하던 피쳐폰은 거의 사라지게 되었는데, 스마트폰의 문제적 사용으로 인해 피쳐폰을 사용하고 싶은 사용자들을 위해 정부적 차원에서 시장에 개입을 하는 것이 필요할 것 같다는 의견도 있었다.(한국정보화진흥원 2012.11)

교육과 복지

경북사회복지사협회

□ 초 · 중 · 고등학교 사회복지교육 실시

▶ 복지사회의 구성원으로 성장할 청소년에게 사회복지의식 함양

▶ 전인교육의 장인 일선학교에 공동체의 가치와 의미를 인식

▶ 사회복지사협회와 협약하여 교육과정 및 교육인력 개발

▶ 지역의 사회복지현장의 사회복지사를 적극 활용

□ 초 · 중 · 고등학교 사회복지교사(학교사회복지사) 의무 배치

▶ 신체적, 지적, 정서적 성장기의 청소년에게 정서적 안정과 건강한 성장을 위한 다각적인 지원체계의 구축을 위해 학교사회복지사의 배치가 절실히 요구 됨

▶ 또한 교사와 동등한 대우와 고용안정을 보장하여 안정적인 역할을 할 수 있는 여건을 마련

▶ 이를 통해 학교폭력, 자살 등의 청소년 일탈의 예방과 치료를 위한 상담, 디문회 청소년 적응을 위한 지원, 가족체계의 지원과 상담, 지역사회 자원개발과 연계하여 안전한 학교를 만들고 청소년의 건강한 성장을 도모

□ 사회복지사협회와 업무협약

▶ 교육청의 사회복지와 관련한 업무의 자문과 협력

▶ 학교폭력 등 청소년 문제의 예방과 치료에 관한 공동연구

▶ 위기대응팀을 공동으로 구축

한국자활지원센터 경북지회

□ 학교상주청소

- 자활기업이나 자활지원센터와의 협약을 통해 학교의 상주청소를 함으로써 국가의 저소득층자립을 통한 자활정책에 적극동참

□ 무상급식에 자활영농생산물 우선구매

- 정부의 자활사업을 위한 유기농농산물 생산에 대한 우선구매 실시를 통해 학생은 우수농산물을 섭취하고 자활사업단은 자립을 토해 국가정책에 일조

□ 자활참여자 자녀들의 배움의 기회확대

- 예체능(음악, 미술)에 대한 배움의 욕구를 해소할 수 있는 기회의 확대

한국시니어클럽 경북지회

□ 세대공동체 교육(1.3세대교육)

세대공동체 교육은 다른 연령과 세대들이 한 세대공동체 내에서 교육적으로 의미 있는 경험들을 함께 나누어감으로써, 그동안 서로가 다른 세대에 대하여 갖고 있었던 오해와 무지 그리고 그로부터 비롯되는 여러 부정적인 고정관념과 편견들을 자연스럽게 감소

시키고 수정하는 기회를 제공해 줄 수 있다.

1-3세대 강사파견사업	• 유아 및 초 · 중학생을 대상으로 한 교육활동사업

□ 공익형 노인일자리사업

공공서비스 향상 및 지역사회 현안문제 해결 등을 목적으로 창출한 일자리로서 공공의 이익에 부합하고 사회적으로 유용성이 강한 일자리이다.

초등학교 급식도우미사업	• 초등학생을 대상으로 급식 및 식사예절지도 등을 지원하는 사업
CCTV상시관제사업	• 학교 내 · 외부 설치된 카메라(CCTV) 모니터링 후 문제 발생 시 학교 측에 구두보고 및 조치 요청을 담당하는 사업
스쿨존 교통지원사업	• 지역 내 초 · 중 · 고등학교 주변 교통정리 및 교통안전인식 확산(캠페인), 학교주변 순찰 및 안전지도 등을 실시하는 사업

□ 학교폭력 및 왕따 없는 학교 만들기 연계사업 추진
□ 학교사회복지사와 사회복지관 사회복지사의 연계를 통한 사례관리
□ 지역공동체속의 학교를 통해 지역의 관심 공간으로 학교를 만들자
□ 학교징계청소년을 위한 다양한 프로그램개발과 공유를 통해 교육과 복지가 상생하는 모델 제시

세대공동체(1·3세대) 프로그램의 현황 및 발전방향

1. 세대공동체 교육의 정의 및 필요성

세대공동체(community of generations)란, 여러 세대 혹은 여러 연령집단이 하나의 공동체 안에서 교육적 활동에 참여하는 것을 의미한다. 세대공동체 교육은 노인과 다른 세대간의 접촉 및 협력을 증진시키기 위해 노인들과 함께 경험하고 익히고 학습하는 각종 활동과 프로그램이다. 세대공동체 교육의 근거는 각 세대들은 비록 그들이 살아가는 시간과 경험 면에서는 다르다 해도, 전체 생애의 일부분으로서 서로 관련되어 있다는 점에서 공통된 이해관계를 가지며, 오히려 그들이 한 공동체 안에서 활동할 때 서로간의 세대 차이로 인하여 인생 전체의 경험을 더욱 잘 이해하도록 만들 수 있다는 데 있다(한정란, 2001).

세대공동체 교육은 다른 연령과 세대들이 한 세대공동체 내에서

교육적으로 의미 있는 경험들을 함께 나누어 감으로써, 그동안 서로가 다른 세대에 대하여 갖고 있었던 오해와 무지 그리고 그로부터 비롯되는 여러 부정적인 고정관념과 편견들을 자연스럽게 감소시키고 수정하는 기회를 제공해 줄 수 있다. 또 다양한 배경과 연령, 경험을 가진 사람들 간에 폭넓은 상호작용의 기회를 제공해 주며, 참여자들로 하여금 인간의 전 생애에 걸친 경험과 지식, 그리고 구체적인 모델과 만나게 도와준다. 특히 젊은 세대들은 세대공동체 경험을 통하여 그 사회의 문화유산과 전통, 그리고 역사에 대한 보다 생생하고 바른 이해를 가질 수 있다.

2. 세대공동체 교육의 현황

세대공동체 교육 프로그램 중 대표적인 노인일자리사업은 일하기를 희망하는 노인에게 맞춤형 일자리를 공급하여 소득창출 및 사회참여의 기회를 제공하기 위한 사업으로 노인복지법 제23조에 의거하여 노인에게 적합한 직종의 개발과 그 보급을 위한 시책을 강구하여 근로 능력 있는 노인에게 일할 기회를 우선적으로 제공하도록 노력하여야 한다고 제시되어 있다.

가. 교육형 노인일자리사업

이중 세대공동체 교육과 연계된 교육형 사업은 전문성을 갖는 노인이 다양한 계층을 대상으로 자신의 경륜과 지식을 전달함으로써 세대 간 문화전승의 효과를 살리고 대상자의 능력을 향상시키는 일자리로 학습형과 해설 및 기타형으로 분류하고 있다.

연번	분류	세부사업명	세부사업 내용
1	학습지도 강사파견 사업	1-3세대 강사파견사업	• 유아 및 초·중학생을 대상으로 한 교육활동사업
		노-노교육 강사파견사업	• 동년배의 피교육생을 대상으로 한 교육활동사업
		체육건강 강사 파견사업	• 체육(건강)과 관련한 시설 및 기관 등에서 실시하는 교육활동사업
2	전문해설 및 안내 지원 사업	숲생태 해설사업	• 지역 내 숲생태 정보 전달 및 해설사업
		문화재 해설사업	• 지역 내 문화재 정보 전달 및 해설사업
		기타 안내 지원사업	• 지역 내 예술관 및 박물관 등 공공시설에서 강의
3	전문상담 사업	노인학대 예방사업	• 지역 내 노인보호전문기관 등과 연계하여 노인이용시설 등에서 교육 및 노인학대 예방활동
		기타 상담사업	• 인권 및 심리, 전문분야 등의 상담을 제공하는 사업
4	기타 사업	보육교사 도우미사업	• 보육교사보조, 생활지도, 강의 등을 제공하는 사업
		노인일자리 모니터링 사업	• 지역 내 노인일자리 현장 모니터링, 우수·미담사례 발굴
		통번역사업	• 외국어 통역 및 안내, 번역을 제공하는 사업
		기타 사업	• 기타 세부사업분류에 포함되지 않은 교육형 사업

사업유형별·성별 참여자 현황(누적)

(기준 : 2012. 12. 31, 단위 : 명, %)

구분	합계	사회공헌형			시장진입형		
	총인원수(비율)	공익형	교육형	복지형	시장형	인력파견형	창업모델형
합계	269,064	163,241	29,478	50,806	16,101	9,349	89
	100.0	60.7	11.0	18.9	6.0	3.5	0.0
남성	90,973	57,660	12,772	9,564	5,316	5,632	29
	33.8	35.3	43.3	18.8	33.0	60.2	32.6
여성	178,091	105,581	16,706	41,242	10,785	3,717	60
	66.2	64.7	56.7	81.2	67.0	39.8	67.4

자료 : 한국노인인력개발원, 노인일자리사업 정보시스템 database, 2012

3. 과거 세대 공동체 프로그램

경기부양 정책의 일환으로 일자리사업을 확대하기 위하여 누구나 할 수 있는 일자리사업 개발을 위한 단순노무형 일자리사업으로 학교나 보육시설에서 간접적으로 세대 간에 함께 할 수 있는 일자리사업을 진행하고 있으며, 노인일자리사업 초기부터 현재까지 활발하게 진행되고 있다.

노인일자리사업 유형 중 공익형 및 복지형 노인일자리사업이 여기에 해당된다.

1) 공익형 노인일자리사업

공공서비스 향상 및 지역사회 현안문제 해결 등을 목적으로 창출한 일자리로서 공공의 이익에 부합하고 사회적으로 유용성이 강한 일자리이다.

연번	분류	세부사업명	세부사업 내용
1	미래세대 지원사업	초등학교 급식도우미사업	• 초등학생을 대상으로 급식 및 식사예절지도 등을 지원하는 사업
		CCTV 상시관제사업	• 학교 내·외부 설치된 카메라(CCTV) 모니터링 후 문제 발생시 학교 측에 구두보고 및 조치요청을 담당하는 사업
2	자원회수 및 재활용사업	폐현수막 재활용사업	• 폐현수막 수거 및 물품제작 등 재활용사업
3	녹색환경 관리지원 사업	자전거 보관관리 및 수리지원사업	• 자전거전용도로 내 전용보관소 등 관리 및 수리지원 사업
		친환경 EM활용사업	• 유용미생물(EM) 활용 및 자연환경 보호사업
		도시농업환경관리 사업	• 도시 공동주택 내 미니텃밭, 화초 관리지원, 유기순환운동, 공용농장 및 텃밭 보조 관리 등 지역별 실정에 맞는 환경증진 활동 사업
4	지역사회 관리지원 사업	지역사회 환경개선보호사업	• 지역 내 주거환경 및 생태환경 등 청결, 개선사업
		지역사회 문화재 관리지원사업	• 지역 내 문화재 보호, 훼손방지 및 관람편의 제공사업
5	공공질서 계도지원 사업	주정차질서 계도지원사업	• 주차 혼잡지역의 질서유지 및 계도 지원사업
		지하철·철도이용 질서 계도사업	• 지하철 및 철도역 이용질서 계도 지원사업(승강기이용안전을 위한 계도사업 등)
		스쿨존 교통지원 사업	• 지역 내 초·중·고등학교 주변 교통정리 및 교통안전인식 확산(캠페인), 학교주변 순찰 및 안전지도 등을 실시하는 사업

연번	분류	세부사업명	세부사업 내용
6	공중이용 시설 관리 지원사업	도서관 관리지원사업	• 국·공립 및 초·중·고등학교 내 도서관 관리지원사업
		근린생활시설 관리지원사업	• 놀이터, 공원 및 공설운동장 등 관리지원사업
		공공의료기관 및 복지시설 관리지원사업	• 보건소, 복지기관 및 경로당 등 관리지원사업
7	기타 사업	기타 사업	• 기타 세부사업 분류에 포함되지 않은 공익형 사업

2) 복지형 노인일자리사업

사회 · 경제 · 문화적 소외계층을 대상으로 제공되는 사회서비스 확대를 도모하고 서비스이용자의 사회적응 및 안정적 생활을 유지할 수 있도록 지원하는 일자리이다.

연번	분류	세부사업명	세부사업 내용
1	소외계층 돌봄지원 사업	거동불편노인 도시락배달 및 안부확인사업	• 지역 내 독거노인 및 거동이 불편한 노인에 방문하여 도시락배달 및 말벗 등 기본적 안부를 관리하는 사업
		거동불편노인 가사 및 활동 보조사업	• 지역 내 독거노인 및 거동이 불편한 노인에게 가사 및 일상생활 보조 등을 지원하는 사업
		경증치매노인 활동보조사업	• 지역 내 경증치매노인의 일상 안부확인 및 보호사 연락, 병원 동행, 간단한 인지재활 활동을 통해 대상자의 치매진행을 완화하고 보호하는 사업
		경로당 노노케어 사업	• 경로당을 기반으로 거동이 불편하거나 지원이 필요한 노인을 방문하여 일상생활 보조를 지원하는 사업

연번	분류	세부사업명	세부사업 내용
	소외계층 돌봄지원 사업	생활시설이용자 돌봄지원사업	• 지역 내 재가노인복지시설, 장애인 및 아동 생활시설 등 취약계층 이용자에 대한 관리·지원 사업
		장애인 돌봄지원 사업	• 지역 내 장애인 가정 및 장애인보호시설 등에서 일상생활을 관리·지원하는 사업
		청소년 보호지원 사업	• 지역 내 청소년 비행우발지역에서 선도 및 상담지원 사업
		지역아동센터 연계지원사업	• 지역아동센터 내 파견되어 아동의 방과 후 교육지도와 귀가지원, 센터 내 시설 및 급식지원 등을 담당하는 사업
2	가족친화 지원사업	다문화가정 지원사업	• 지역 내 다문화 가정의 가족상담 및 정서지원을 통한 한국정착을 지원하는 사업
		한부모가족 지원사업	• 지역 내 한부모 가족 등 취약가족 간 연계를 통해 아동의 교육 등 다양한 서비스 제공사업
3	주거환경 개선지원 사업	주거환경 개선지원사업	• 지역 내 열악한 주거환경으로 불편함을 겪는 소외계층가정의 주거개선 지원사업
4	문화복지 지원사업	문화복지 지원사업	• 복지소외지역 또는 각종 생활시설 등의 문화 소외대상자에게 다양한 문화체험 제공사업
5	기타 사업	기타 사업	• 기타 세부사업분류에 포함되지 않은 복지형 사업

4. 미래 세대공동체 교육의 방향성

가. 세대 통합 프로그램의 활성화를 위한 정부의 제도적 지원

노인들의 적극적인 사회 참여를 위해 노인들이 갖고 있는 능력, 다양한 배경, 취미 및 욕구를 파악하여 참여 영역을 넓히고, 노인의 사회 참여에 대한 긍정적 홍보활동을 진행한다. 이를 위해서는 노인들에 대한 배려를 토대로 대중 매체를 활용하여 건강한 삶을 누리고 있는 노인들의 우수 사례를 홍보하고, 지속적인 활동 참여를 권장하기 위해 참여 노인들과의 유대 관계를 형성할 수 있는 기회를 제공하는 것이 바람직하다.

나. 전문 인력의 확보를 위한 국가의 재정적 지원 및 전담 인력 기관의 지정

노인의 유휴 인력을 활용하고 재정적 비용 절감 및 효과적인 전달을 위해서는 노인일자리사업을 진행한 경험이 있는 전문기관에 일자리사업을 위탁하거나 경력 및 경험이 있는 전문 인력풀을 통한 프로그램 진행이 요망되고 있다.

다. 체계적인 프로그램 진행

기존의 단순노무식 일자리사업이 아닌 세대공동체교육의 효과성을 증진시킬 수 있는 다각적인 프로그램을 노인들에게 진행하도록 한다.

일본의 세대 통합 프로그램 정필복(2012)

프로그램명	내용 및 목적	주요 프로그램
3세대 교류 프로그램	*고베 시 실버칼리지 사회환원 센터의 그룹 "원"이 실시. 노인과 젊은 부모, 그 자식들에게 생활문화를 전달 및 자연환경의 중요성을 전달 〈목적〉 ① 세대 간의 다양한 체험을 통한 대화 공유 ② 노인-활동의 장 확보 및 젊은 세대에 의한 동기 유발	① 옛날 놀이 교실 ② 곤충채집 교실 ③ 뒷산 놀이 교실 ④ 화지 만들기 ⑤ 교실 야생 새 관찰 교실 ⑥ 숯 굽기 체험 교실
코토엔 세대 통한 프로그램	*세대통합 시설의 대표적인 코토엔 프로그램으로 유아원과 양로원을 결합시킨 공동체 시설. 의사 소통의 중요성 인식 및 프로그램의 효과 입증	① 미술, 무용 ② 공예시간 ③ 각종 이벤트 참여 ④ 체육 시간과 운동 경기 ⑤ 음악 혹은 산책 등
추오 세대 통합 프로그램	*추오현의 양로원과 유치원, 초등학교, 중학교의 세대 통합 프로그램	① 아침체조 ② 무용공연
보육소 연계 프로그램	*노인복지 시설 방문 등 세대간 교류 사업 및 지역의 다양한 연령층의 교류 사업 진행	
아동들의 노인복지 시설 방문	*노인복지시설 등에서 아동을 방문 혹은 이들 시설이나 지역의 노인을 보육시설에 초대하여 세대 간의 교류 활동을 진행	
전통 교육 지원 프로그램	*기후겐의 이또누끼 보육원에서는 노인과 아동의 접촉이 나라는 제목으로 노인들의 보육원에 초빙해서 아동들을 접촉하고 보육원의 일을 돕게 함	
아동과 노인 간의 상호 연계 지원 프로그램	*지방자치단체를 중심으로 아동과 노인의 상호 연계 프로그램에 대해 많은 지원을 하며 대학을 중심으로 이러한 연계 프로그램의 개발을 권장 및 지원하고 많은 대학에서 연계 프로그램을 진행	

현재 한국의 노인일자리사업 진행 프로그램은 한자, 동화구연, 예절, 전통놀이, 다도, 한자, 역사교실 과 같은 학습식 교육 프로그램을 진행하고 있어 노인들의 지식만을 활용한 프로그램으로 진행하고 있다.

반면 일본의 세대통합교육은 생활문화 교육으로 곤충채집, 공예 프로그램, 음악 또는 산책 프로그램을 진행하여 세대 간에 교감하며 함께 진행할 수 있는 프로그램으로 진행하고 있다. 이 프로그램에 참여하는 아이들은 교육 프로그램 이후 교육 결과물을 통한 기억으로 세대교류교육에 대한 효과성을 더욱 높일 수 있다. 추가적으로 패스트푸드에 익숙한 아이들에게 화전 만들기, 전통음료를 체험할 수 있는 슬로우푸드 프로그램과 천연화장품 만들기, 꽃꽂이 등의 교육 프로그램을 시행하여 학습식 프로그램과 핵가족으로 인해 소외된 아이들에게 건강한 인성을 심을 수 있도록 1세대와 함께하는 다채로운 프로그램을 진행하도록 한다.

행복을 만들어가는 안상섭

(사)경북교육연구소 간담회

경북도의회 연찬회

경주시 민원담당공무원 워크숍

경주종합사회복지관 특강

봉화군청 워크숍

상주지역자활센터 재능기부특강

아동폭력예방상담사교육

영덕교육청 특강

영덕군 어업인 특별연수

청도군청 조직활성화교육

포스코외주사 감사리더양성과정

포항시 이통장 워크숍

포항교육청 스트레스해소기법 강의

스마트폰중독예방서명운동(경주)

안상섭의 교육생각

1) 교통안전과 스쿨존

스쿨존은 학교 주변에서의 어린이 교통사고 위험을 줄이기 위해 지정된 공간을 말한다. 초등학교, 유치원, 어린이집 정문의 주변 반경 300m가 어린이 보호구역인 스쿨존으로 지정되며, 적색포장 및 각종 교통 안전시설물이 설치되어 어린이들을 교통사고 위험으로부터 보호하고 있다.

그런데 학교 앞 어린이보호구역(스쿨존) 내 교통사고가 끊이지 않고 있다. 새누리당 유승우 의원이 경찰청으로부터 제출받은 자료를 보면, 2013년 최근 5년간 어린이가 대상이 된 교통사고는 모두 6만9558건이 발생했습니다. 이 중 563명이 사망에 이른 것으로 나타났다. 연도별로는 2008년 1만4930건, 2009년 1만4980건, 2010년 1만495건, 2011년 1만3323건, 2012년 1만2497건이 발생했다. 사망자수는 2008년 138명에서 지난해에는 83명으로 감소 추세지만 끊이지 않고 있다.

스쿨존 내에서의 어린이 교통사고가 끊임없이 일어나는 가장 큰 이유는 제한 속도와 같이 스쿨존의 각종 보호 장치를 무시하는 운전자들이 있기 때문이다. 독일의 스쿨존에는 '스쿨존 사고는 무조건 운전자 과실' 이란 표지판이 있어 운전자에게 경각심을 일깨워 준다. 스쿨존에서 어린이 교통사고가 지속적으로 일어나는 두 번째 이유는 형식적으로 조성된 스쿨존이 그 기능을 다하지 못하기 때문이다. 골목길 인도와 차도가 구분되어 있지 않은 곳도 있고, 인도를 메우고 있는 주차차량들 때문에 아이들이 차도로 걸어야 하는 곳도 있으며, 과속방지턱이 없는 곳도 있고, 횡단보도에 신호등이 없는 등 시설물조차 제대로 갖추어지지 않는 곳도 있다.

정부에서는 어린이 교통사고를 감소시키기 위해 스쿨존 내에서의 교통법규 위반 시 처벌을 항목에 따라 최대 2배까지 강화하였다. 운전 속도도 시속 30km이하로 유지하며 서행해야 한다. 교통사고를 낸 운전자는 종합보험 가입 여부나 쌍방합의를 불문하고 형사처분을 받게 되고, 민사적으로도 보험회사에서는 더 많은 보상을 하도록 규정하고 있다.

스쿨존에서의 어린이 교통사고 방지를 위해서는 안전시설물의 표준화 모델을 마련해 규격에 맞는 설치를 하고, 지속적인 사후관리가 필요하다. 또한 스쿨존 내 규정에 대한 홍보와 지속적인 교육을 통해 운전자들의 인식이 변화할 수 있도록 해야 한다. 특히 스쿨존에서 운전할 때는 언제 어디서 튀어나올지 모르는 어린이를 조심해야 한다. 어린이들은 보행신호가 들어오면 주변을 살피지 않고 바로 길을 건너가는 경우가 많기 때문에 제한속도를 준수하며 주변을 세심하게 살피는 운전자의 주의가 더욱 필요하다. 사고 예방을 위해 비오는 날에는 밝은 색의 우산을 쓰도록 하는 등 안전한 보행법에 대해 초등학교와 유치원, 어린이집 아동들을 대상으로 교통안전교육이 이루어져야 한다.

우리나라는 어린이 교통사고 왕국이라는 오명을 쓰고 있다. 더구나 스쿨존에서 교통사고 발생 빈도가 높다는 것은 수치스러운 일임이 틀림이 없다. 우리 모두가 노력해서 스쿨존에서만이라도 어린아이들의 보행을 안전하게 지켜주어야 한다. 스쿨존에서의 교통사고를 방지하기 위해서는 교통법규를 잘 지키는 것은 물론, 예상치 못한 교통사고도 미연에 방지할 수 있도록 노력해야 한다.

스쿨존(어린이 보호구역) 안전운행 이것만은 꼭!!

1. 어린이가 없더라도 스쿨존 내 교통신호는 항상 지킨다.
2. 경찰 등의 교통 수신호는 꼭 지킨다.
3. 급제동, 급출발을 금지하여 스쿨존 내 환경오염을 예방한다.
4. 스쿨존에서는 어린이가 놀라지 않도록 경적을 사용하지 않는다.
5. 스쿨존은 전 구역이 주정차 금지구역이므로, 학부모가 자녀를 승용차로 통학시킬 경우 스쿨존 밖에서 내려준 뒤 걸어서 통학하게 한다.
6. 불법으로 주정차된 차량 사이에서 튀어나오는 어린이를 항상 대비한다.

2) 아토피 · 천식 없는 안심학교

아토피 · 천식안심학교는 학생을 중심으로 보호자, 학교, 보건소가 하나가 되어 아토피 · 천식 질환을 관리하고 응급상황에 대처할 수 있도록 도와 학교생활에 어려움이 없도록 하는 학교 중심 예방관리 프로그램이다. 즉 아토피 안심학교는 아토피 질환이 발생하기 쉬운 학생들을 체계적으로 관리, 치료하는 학교 중심의 아토피 예방관리 모형이다.

2005년 발간된 한국인의 질병부담 보고서에 따르면 소아 · 청소년기질환 질병부담 순위 1위가 천식, 3위가 피부질환으로 집계됐다. 환경오염과 각종 식품에 함유된 식품첨가물 섭취 등으로 최근 아토피성 질환이 급증하고 있는 현상을 보여주는 통계로 소아 · 청소년기질환은 예방이 그만큼 중요하다는 것을 알 수 있다.

최근 주거형태가 서구식으로 바뀌고 내기오염, 집먼지 진드기 등으로 소아 면역체계가 약화돼, 아토피 · 천식 질환이 늘어나면서 아토피 · 천식 질환은 잦은 재발과 증상 악화로 학교결석, 의료비 부담 증가, 사회활동 제약에 따른 삶의 질 저하 등 막대한 사회 · 경제적 부담을 초래하게 된다, 소아 · 청소년들의 유병률이 높은 아토피를 단순히 의학적인 문제가 아닌 사회적인 문제로 인식해 조기 관리에 나서야 한다.

아토피질환이 아토피피부염, 알레르기 비염, 천식 등 성인 질환으로 진행되면 환자와 가족에게 경제적 부담이 가중돼 신체적, 심리적 고통을 주게 된다. 아토피 안심학교 운영을 통한 조기 관리로 환자와 가족이 알레르기에서 해방될 수 있도록 다양한 방안을 강구해 나가야 할 것이다

아토피 · 천식 없는 안심학교 운영을 통해 전문적 상담과 교육을 지속적으로 실시해 알레르기질환 환자의 체계적 관리는 물론 생활습관 개선에 앞장서고, 날로 늘어나고 있는 알레르기 질환의 예방을 위해 학생들의 생활터인 학교를 중심으로 쾌적한 환경에서 건강한 생활을 할 수 있도록 아낌없는 지원을 다해야 한다.

안심학교 응급관리체계를 구축해 천식응급키트의 보급과 응급상황대처 범위를 확대하고, 질환에 대한 정보 제공 교육과 야외 · 스트레스 관리교실 등 정서적 측면에서의 지지교육도 확대 운영해야 하고, 학교 급식 영양사를 대상으로 식품알레르기 및 알레르기가 있는 아이들이 겪는 증상 중 가장 치명적인 증상인 아나필락시스 관련 교육을 통해 안전한 학교 환경 조성에 앞장서야 한다.

아토피와 천식에 대한 올바른 정보전달과 아토피에 좋은 편백나무를 이용한 목걸이 만들기, 정서적인 안정을 위한 다도체험. 다식만들기, 아토피에 좋은 건강음식 시식 등 다양한 체험과 교육을 동시에 접할 수 있도록 운영해야 된다. 앞으로 지속적인 안심학교 운영을 통해 아토피 없는 건강한 아토피 안심학교를 만들 수 있도록 지속적인 관심을 두어야 할 것이다. 숲속 길 걷기, 전통놀이와 명상 등을 내용으로 하는 '자연과 함께하는 놀이' 와 학교 숲 가꾸기 사업을 확대해야 하며 이후 학교환경사업이나 증개축에 친환경 건축자재를 꼭 쓰면 좋겠다.

호주 천식친화학교 프로그램

호주 천식친화학교 프로그램은 천식관리에 성공적이라는 평가와 함께 그 효율성을 영국과 미국 그리고 우리나라에서도 인정받아 시행하고 있다. 천식친화학교는 호주 천식협회(national asthma council)와 천식재단(asthma foundation)이 공동으로 기획하고, 천식재단에서 주도적으로 진행하는 프로그램이다. 2006년에는 모든 학교들이 천식친화학교 프로그램을 의무적으로 시행하는 것이 교육정책으로 결정되었다. 천식친화학교 프로그램의 목적은 모든 학생, 학부모, 선생님에게 천식에 대한 이해를 높이고, 학교당국이 천식을 이해하고 적절히 대처할 수 있도록 도와주는 것이다. 또한 천식환아가 스스로 질병을 관리함으로써 체육활동을 포함한 일상생활에 참여할 수 있도록 하며, 천식환아에게 보다 안전하고 건강하며 지지적인 학교환경을 제공하는 것을 목적으로 하고 있다.

교육은 학생들의 학교 보건교육과정 안에서 천식에 대한 교육과정을 포함하여 지속적으로 이루어지도록 하고 있으며, 천식에 대한 이해, 천식약제에 대한 교육, 운동 유발성 천식의 특징과 치료 · 예방법, 천식발작 시 응급치료, 천식응급키트 관리법 등의 내용으로 구성되어 있다. 이 프로그램에서는 학교 당국에서 천식을 관리하기 위해 필요한 여러 가지 자료들을 제공하고 있다. 또한 천식친화학교 인증 스티커, 응급대처법이 적힌 포스터, 상황별로 제작된 안내 책자, 천식기록지가 제공되고 있다.

호주의 관계자들은 천식친화학교의 성과로 먼저 천식 환아의 생명을 구할 수 있다는 점과 학교와 지역사회에서 천식에 대한 인식을 개선시켜 천식 환아의 건강을 증진하고, 학습효과도 호전되었다는 점을 높이 평가하고 있다.

3) 바른말 고운말 쓰기로 행복한 학교 만들자

어느 방송멘트에서 `아름다운 말이 아름다운 세상을 만듭니다`, `거친 말은 독이 되고 고운 말은 덕이 된다`, `욕설 NO 학교폭력 STOP!`, `말은 당신의 얼굴입니다`, `말이 깨끗해야 마음도 깨끗합니다`라는 멘트가 나와 호응을 얻고 있다.

본인이 쓴 책 중에 '긍정의 말이 기적을 낳은다!' 중, 언어 속에는 힘이 있는데 긍정의 말은 상대의 긍정적 생각과 행동을 강화시키고, 부정의 말은 오히려 부정의 생각, 행동을 강조한다. 학생들이 존중과 배려의 언어생활로 바른 인성을 함양하고, 언어폭력에서 비롯되는 학교 폭력을 예방해 소통과 공감으로 웃음이 넘치는 학교 문화를 조성하며, 학생의 인권과 교권이 상호 존중되는 학교 문화를 정착할 수 있다고 본다.

태어남과 동시에 자신도 모르게 듣고, 말하고, 쓰게 되는 누구나가 똑같은 언어 습득 과정을 거치며 그 소중함과 중요성을 잊게 되는 것이 사실이다. 현재 우리가 사용하고 있는 말은 어떤가? 많은 사람들에게 상처를 주고 또 다수 앞에서 상대방의 약점을 들추며 웃음거리로 만들고 있는 모습을 적지 않게 보게 된다. 이는 우리말에 대한 참 사랑, 약자를 비롯한 모든 사람을 사랑하겠다는 진심된 의미를 잊고 있는 안타까운 현실이라 생각한다.

등 · 하교시간 버스안에서 학생들의 대화를 들어보면 정말 걱정되는 사실은 아이들의 대화 절반이상이 욕이다, 욕이 없으면 대화가 단절되는 경향이 강하게 나타나고 있는 것이 현실이다, 이는 우리말을 접하는 아이들의 환경적 영향이 크다고 생각한다, 이는 학교라는 배움터에서 친구간 욕설과 비속어가 난발되고 이를 알고도 단지 "요즘 아이들 다 그래."라며 관심과 지도 없이 넘기는 우리 어른들의 무관심이 만들어낸 현재의 모습이다.

자라나는 우리 아이들에게 말의 진정한 힘을 가르치고, 누구보다 나부터 바른말과 고운 말을 사용하는 솔선수범의 모습을 보여 학생들이 더 이상 친구에게 상처 주는 말이 아닌 용기와 희망을 주는 사랑의 말, 고운말 바른말을 사용하도록 많은 노력과 관심을 필요할 시기이다.

세대 별로 청소년들이 써오던 욕설 비속어 은어 등은 항상 존재해 왔다. 청소년들은 그들만의 언어로 대화를 하며 동질감을 느꼈고 소통을 하였으며 감정을 나눠왔다. 그러나 최근 조사 자료를 보면 청소년들의 언어가 일상의 대화 수단을 넘어 언어폭력으로까지 발전하는 것으로 나타나고 있어 이를 그들만의 언어생활로 치부해서는 안 된다는 사회적 인식이 높아졌다.

한국교총에 따르면 최근 교육부가 발표한 '2013년 2차 학교폭력 실태조사' 자료를 통해 언어폭력 피해가 가장 높다는 사실이 확인됐다. 이 자료에 따르면 피해유형별로 '언어폭력'이 가장 높았고 그 다음으로 '집단따돌림', '폭행', '감금', '사이버 괴롭힘' 순으로 나타났다. 또 한국교총 자체 조사에서도 교사의 57%는 학생들의 욕설과 비속어를 매일 듣고 있고, 10명 중 8명이 학생들의 욕설 상태가 심각하다고 응답하는 등 학생들의 욕설이 도를 넘고 있다는 한국교총의 설명이다.

청소년들이 언어로 서로의 마음과 감정에 상처를 입고 입히는 악순환이 계속되고 있고 결국 청소년 모두가 언어폭력의 가해자가 되고 피해자가 되어 가고 있는 것이다. 그렇다면 학생들이 욕을 하는 이유는 무엇일까? 대개의 경우 '또래 친구들이 다하니까', '화가 나서' 또는 '친한 친구 사이에서 친근감을 나타내기 위해' 등이다. 대부분의 어린 학생들도 이런 이유로 무분별하게 욕을 하고 있다.

일각에서는 욕설을 단순히 청소년의 언어문화라고만 치부해 버리는 경우가 있는데, 욕설문화는 분명히 바로잡아져야 할 부분이다. 개인적으로는 정서에 악영향을 끼쳐 공격적인 성향이 생길 수도 있으며 사회적으로는 욕설로 인한 오해로 각종 폭력과 범죄를 불러올 가능성이 있다. 또, 청소년들이 욕을 많이 쓰게 되면 사용하는 어휘량이 줄기 때문에 어휘력이 급격히 저하되고 원만한 인간관계가 지속되지 않을 수 도 있다.

학생들 상호간 무의식적으로 사용하는 욕설 · 비속어 등이 학교폭력의 원인으로 작용되고 있어 고운말 쓰기 활성화를 통해 학교폭력을 예방해야 할 것이다. 욕설과 비속어 등 학생 언어폭력 문제의 심각성을 인식하고, 이를 개선하기 위해 마음의 선포식을 시작으로 바른말 고운말을 쓰는 행복한 학교 만들기 운동을 본격적으로 전개해야 할 것이다. 또한 학교 교사들도 가정, 성, 신체적 특징 등에 따른 언어 차별로 학생들이 마음에 상처를 받지 않도록 수업활동과 생활지도 과정에 섬세히 배려하고 실천해야 할 것이다.

학교에서 바른말, 고운 말이 우리 아이들의 입에서 입으로 꽃이 되는 행복한 세상이었으면 좋겠다.

〈출처 : 한국방송광고공사 '언어순화캠페인' 공익광고〉

4) 강제자율학습 이제 사라져야 한다

일반고에서 교사와 학생 간 가장 첨예하게 대립하는 문제 중의 하나가 바로 정규수업이 끝난 뒤에 실시하는 야간자율학습인데 사실상 야간타율학습이다. 대부분의 고등학교가 약속이나 한 듯 방과 후에 학생들의 의사와는 관계없이 밤 9시나 10시까지 딱딱한 의자에 앉아 강제자습을 시킨다.

물론 집에 가면 공부가 잘 되지 않거나 자신의 공부방이 없는 학생들에게는 좋을 수 있지만 여럿이 있으면 공부가 잘 되지 않거나 학교수업을 제대로 이해하지 못하는 학생들에게는 몇 시간 낭비하는 셈이 된다. 어떤 고교의 경우 야간자습을 하지 않는다고 전학을 가라거나 저녁 급식조차 주지 않는다고 한다. 어떻게 이런 비교육적이고 비민주적인 행태가 교육현장에서 벌어진단 말인가.

학생들이 야간자습에 빠지려 들면 "너 한 명 보내주면 다른 학생들도 다 빠질거야"라며 거절한다니 이는 자습의 주역인 학생들의 의사는 무시하고 학교의 편의나 방침만 따르라는 것이 아닌가. 이제 야간자율학습은 타율적 의사가 아니라 학생의 의사에 맡겨 감독교사 없이 학생들 스스로 공부하고 귀가하도록 해야 한다.

고등학교 강제 야간자율학습을 둘러싼 찬반양론은 어제오늘의 일이 아니다. 강제 야간자율학습을 반대하는 측은 학생들의 행동자유권, 휴식권, 수면권이 방해된다는 점을 근거로 든다. 학교가 학생들로부터 동의서를 제출받아 합법적인 절차를 거친 것처럼 보이지만 미성년자인 학생들이 사실상 이에 대한 거부 의사를 표시할 수 없는 것이 현실이라는 지적이다.

반면 강제로라도 야간자율학습을 시행해도 된다는 측은 대학서 열화가 공고한 현실에서 학생들에게 더 높은 성취도를 이끌어낼 수 있다고 강조한다. 특히 강제 자율학습을 등원 조건으로 잡는 재수종합반의 대입 실적이 재학생에 비해 좋은 점도 찬성 입장을 뒷받침한다.

논쟁에 대한 해답은 없다. 하지만 총체적인 분석을 통해 결론을 내려야 할 교육당국은 그 누구도 책임있는 답변을 내 놓지 않아 일선 현장은 찬반 논쟁이 끊임없이 이어지는 실정이다. 다만 서남수 교육부 장관은 시 · 도 교육청과 학교가 야간자율학습 실시 여부를 자율적으로 판단해야 한다는 입장인 것으로 알려졌다.

2013. 12. 26 일에 발표한 광주광역시의 모 학부모단체에서 강제 자율학습 폐지에 대한 성명서를 살펴보자.

학생들의 선택권과 자율권은 보장받지 못한 채 학생들을 강제 자율학습 시킬 수 있도록 하는 학교의 자율권을 보장하라는 것은 어불성설이다. 학교의 자율권을 요구하기 이전에 학생들의 자율권을 먼저 보장해야 할 것이다. 그렇지 않아도 지금 우리 아이들은 과도한 입시경쟁체제 아래서 세계최장 시간의 학습노동으로 숨도 제대로 쉬지 못 할 만큼 압박받고 지쳐 있다. 오랫동안 아이들을 책상 앞에 붙들어 둔다고 해서 그만큼 집중하지 못함을 알면서도 부모들의 불안감은 강제로라도 학교에서 붙들어 놓기를 바라는 마음이 있다.

그러나 학습시간에 비해 학습력이 크게 떨어지는 비효율적인 방법으로는 아이들의 실력을 키울 수는 없다. 눈앞의 대학이 아무리 중요하다지만 아이들도 쉴 권리, 놀 권리, 잠자고 싶을 때 잘 권리가 있다. 대학을 갈 때 까지 죽은 듯이 살라고 말하지만 대학을 가기도 전에 이미 많은 아이들이 목숨을 버리고 있다.

마치 학교에서 밤 12시까지 공부를 시키고 주말에도 학교를 개방하면 사교육비가 줄어들듯이 얘기 하는 것에는 기가 막히다. 그리고 주말에는 보충학습뿐 아니라 휴식과 진로준비를 위한 다양한 창의적 체험활동을 할 수 있는 시간이 보장되기를 바란다. 또한 방학이 집중학습, 몰입교육을 할 좋은 기회라고 생각하기 이전에 배움의 과정에서 잠시 놓여 재충전 할 수 있는 기회라고도 생각 할 수 있기를 바란다.

학생의 개별적인 성향과 진로 등을 고려하지 않고 일률적으로 운영되는 현행 야간자율학습으로 인해 자칫 개인의 소질과 적성을 사장시키기도 한다는 사실을 학교당국은 명심해야 한다.

(강제자율학습하는 교실 야간 풍경)

5) 학교 내 행복교실 설치로 학교 부적응 친구들과 함께 가요

학교부적응 학생들을 위한 대안은 무엇인가?

교육과학기술부와 한국교육개발원이 펴낸 '2011 교육통계 분석 자료집'을 보면 지난해 고교 학업 중단자는 3만8887명으로 학업 중단율이 전체의 2%였다. 학업중단의 원인으로는 학교생활 부적응(45.1%)이 가장 높은 가운데 유학. 이민 등 기타(36.2%), 가사(11.6%), 질병(5.8%), 품행(1.2%) 등이 뒤를 잇고 있다. 지난해 2012년 학업을 중단한 학생은 모두 6만 8천 명. 이 가운데, 고등학생의 절반 이상은 학업이나 대인관계의 어려움 때문에 학교를 그만두고 있다.

정부는 학교 부적응 학생들에 대한 지원을 대폭 확대하기로 했다고 한다. 우선 2014년부터 모든 학교에서 학업을 중단하려는 학생에게 최대 3개월까지 상담 프로그램을 제공하는 '학업중단 숙려제'가 전면 시행된다. 또, 학업중단 위기 학생에 대한 체계적인 관리도 이뤄진다. 담임교사와 전문상담교사가 학업중단 징후를 조기에 발견하고, 맞춤형 전문상담이 제공된다.

학교 내에서 대안 프로그램을 운영하는 대안교실 운영학교도 2014년까지 1천 개 이상 확대될 계획이다. 학교에서 대안교육을 설치하고 학교 밖의 위탁교육을 통해서 다양한 사회적 학습기관을 통해서 소질과 적성에 맞는 교육 프로그램을 제공하게 된다. 학교 밖 학생에 대한 지원도 강화된다. 시 · 도교육청이 설립하고 민간이 운영하는 공립 대안학교가 2016년까지 14곳으로 늘어난다.

학교부적응 학생들을 상담하다 보면 '상담이 좋긴 한데 그때뿐인 것 같다' 라는 말을 자주 듣게 된다. 학생 스스로 치유하는 방법을 찾아야 하는데 바로 자신이 좋아하는 일, 적성에 맞는 일을 하는 것이다. 일에 몰입하면서 얻는 즐거움, 결과물에 대한 성취감과 자부심, 주변의 칭찬은 치유를 넘어 성장으로 나아가는 변화를 가져온다. 학업중단 위기에 처한 학생들을 가정과 학교, 지역사회가 품어야 한다.

청소년들이 학업을 중단하는 원인은 가정과 지역사회, 학교 등 외부적 요인과 개인의 심리특성 등 다양하고 복합적이다. 학업중단 학생 수가 좀처럼 줄지 않고 있다. 학교 부적응이 학업중단의 주요한 이유로 나타나고 있는 만큼 상담교사 배치와 상담 활성화를 통한 학업중단 예방, 그리고 학업중단 학생들이 학업을 지속할 수 있는 체계적인 대안교육 시스템 구축이 시급하다.

그렇다면, 이들은 학교를 떠나 어떻게 생활할까? 대안 교육기관에 진학하거나 취업하려고 직업 훈련기관에 입학하는 청소년이 있는 반면 시설에 수용되거나 방치되는 청소년이 있다. 이는 학생 개인의 문제가 아니라 사회, 학교, 가정의 책임이 크다. 아이들을 만나보면 부모님과 선생님이 자신의 이야기를 들어주지 않아 답답하다고 말한다. 교사는 학교부적응 학생들을 무조건 혼내기보다 포기하지 말고 끊임없이 아이들에 관심을 표해야 한다. 교사가 교육애를 갖고 학생들과 소통해야 한다. 학부모의 역할도 중요하다. 소위 문제아라고 불리는 아이들에게 부모님과 교사의 따뜻한 말 한마디, 지속적인 관심이 필요하다.

학교 부적응 학생들에게도 개인의 소질과 끼, 욕구를 분석하여 본인이 행복하고 보람되게 교육에 임할 수 있는 제도적인 배려 아래의 학교 부적응 학생들의 자존감 회복과 특기 · 적성계발을 통해 건강한 사회 구성원으로 세우는 교육과정을 보다 알차게 추진하는 등 중도 탈락자 예방교육 과정에도 힘을 쏟아야 한다.

개인적인 이유, 가정적인 이유, 사회적인 이유로 학업을 중도에 포기하는 학생들이 경북 도내에도 매년 2000여 명이 넘고 있으며, 부적응으로 인한 학업중단 비율이 학교 급이 올라갈수록 심각해지는 현실이다. 이는 학력위주의 교육, 경쟁위주의 교육 때문에 생기는 현상이 아닌가 생각한다. 먼저 교육청에서 학생들이 이탈하지 않도록 공교육을 강화해야 한다. 조기 발견 후 숙려기회 활용, 대안교실, 대안학교 위탁교육을 확대 강화해야 한다. 또한 지방자치단체의 관심도 필요하다. 이 학생들이 갈 곳을 만들어 학생들이 쉬고 대화하면서 다른 유혹에 빠지지 않도록 하고, 센터를 설립해 직업과 연계한 체험활동으로 직업 선택의 기회를 주며, 다양한 도시형 대안학교를 만들어 운영하고, 마을이 학교인 미래형 학교로 만드는 것도 고려할만 하다.

학력

포항 남성, 포항영홍초등학교, 포항중학교
대구가톨릭대학 사범대학부속 무학고등학교
대구대학교 사범대학 일반사회교육학과 졸업
고려대학교 대학원 상담심리 석사
영남대학교 대학원 심리학 박사
한동대학교, 영남대학교, 대구사이버대학교 외래교수
위덕대학교 초빙교수, 고려대학교 겸임교수

경력

전 CBS 포항방송국 '지피지기 리더십' 운영
전 해병대(병 547기)
전 교보생명(전 대한교육보험)
전 포항영신고등학교 진로상담부장 (16년 6개월)
전 법무부 범죄예방 포항협의회 위원
현 경북여성정책개발원 자문위원
현 법무부 포항범죄예방협의회 상담분과 위원
현 준열 스트레스대처연구소 소장 및 (주)고려능력개발원 원장
현 사단법인 경북교육연구소 이사장
현 고려대학교 행동과학연구소 선임연구원
현 자유총연맹 포항 용흥지부자문위원

학회 및 사회 활동

현 한국상담심리학회 정회원
현 건강심리학회 정회원
현 한국심리학회 정회원
현 미국상담심리학회 정회원 및 전문가
현 한국사회문제심리학회 이사
현 해병전우회 포항 특우회 회원
현 해병전우회 대송분회 회원

자격

1급 정교사(일반사회)
1급 전문상담교사
상담심리전문가(미국상담심리치료학회)

논문 및 저서

- 상담교사의 이미지에 대한 일반교사와 학생의 차이연구(석사)
- 한국형마음챙김명상에 기반한 스트레스감소프로그램이 만성통증에 미치는 효과 (박사)
- 점진적근육이완훈련과 호흡프로그램이 사회복지사의 만성통증에 미치는 효과
- 준열스트레스대처프로그램이 스트레스에 미치는 효과 외 6편
- 《이완 · 명상법》(학지사)
- 《삶의 질을 높이는 이완 · 명상법》(학지사)
- 《근로자를 위한 직무스트레스 예방 및 대처기법 지침서》(학이사)
- 《근로자를 위한 근골격계질환 예방 및 대처기법 지침서》(학이사)
- 《행복 가이드북》(학이사)
- 《긍정의 말이 기적을 낳는다》(학이사)
- 수학이 인생에 미치는 영향 (보고서)
- 스마트폰 중독의 예방과 치료 (보고서)